Lancement de la démarche outils nomades au Parc national du Mercantour

Onésime Prud'homme

Lancement de la démarche outils nomades au Parc national du Mercantour

Analyse de besoins et veille technologique sur les outils nomades pour faciliter la récolte de données en milieu naturel

Éditions universitaires européennes

Mentions légales / Imprint (applicable pour l'Allemagne seulement / only for Germany)
Information bibliographique publiée par la Deutsche Nationalbibliothek: La Deutsche Nationalbibliothek inscrit cette publication à la Deutsche Nationalbibliografie; des données bibliographiques détaillées sont disponibles sur internet à l'adresse http://dnb.d-nb.de.
Toutes marques et noms de produits mentionnés dans ce livre demeurent sous la protection des marques, des marques déposées et des brevets, et sont des marques ou des marques déposées de leurs détenteurs respectifs. L'utilisation des marques, noms de produits, noms communs, noms commerciaux, descriptions de produits, etc, même sans qu'ils soient mentionnés de façon particulière dans ce livre ne signifie en aucune façon que ces noms peuvent être utilisés sans restriction à l'égard de la législation pour la protection des marques et des marques déposées et pourraient donc être utilisés par quiconque.

Photo de la couverture: www.ingimage.com

Editeur: Éditions universitaires européennes est une marque déposée de
Südwestdeutscher Verlag für Hochschulschriften GmbH & Co. KG
Heinrich-Böcking-Str. 6-8, 66121 Sarrebruck, Allemagne
Téléphone +49 681 37 20 271-1, Fax +49 681 37 20 271-0
Email: info@editions-ue.com

Produit en Allemagne:
Schaltungsdienst Lange o.H.G., Berlin
Books on Demand GmbH, Norderstedt
Reha GmbH, Saarbrücken
Amazon Distribution GmbH, Leipzig
ISBN: 978-3-8417-8644-9

Imprint (only for USA, GB)
Bibliographic information published by the Deutsche Nationalbibliothek: The Deutsche Nationalbibliothek lists this publication in the Deutsche Nationalbibliografie; detailed bibliographic data are available in the Internet at http://dnb.d-nb.de.
Any brand names and product names mentioned in this book are subject to trademark, brand or patent protection and are trademarks or registered trademarks of their respective holders. The use of brand names, product names, common names, trade names, product descriptions etc. even without a particular marking in this works is in no way to be construed to mean that such names may be regarded as unrestricted in respect of trademark and brand protection legislation and could thus be used by anyone.

Cover image: www.ingimage.com

Publisher: Éditions universitaires européennes is an imprint of the publishing house
Südwestdeutscher Verlag für Hochschulschriften GmbH & Co. KG
Heinrich-Böcking-Str. 6-8, 66121 Saarbrücken, Germany
Phone +49 681 3720-310, Fax +49 681 3720-3109
Email: info@editions-ue.com

Printed in the U.S.A.
Printed in the U.K. by (see last page)
ISBN: 978-3-8417-8644-9

Table des matières

1. Contexte et objectifs du projet

1.1. Le Parc national du Mercantour

Un Parc national est un espace reconnu comme exceptionnel pour sa biodiversité, ses paysages, son patrimoine. C'est à la fois un label qui garantit une reconnaissance nationale et internationale de ses richesses et un outil qui assure leur préservation au plus haut niveau afin de les transmettre aux générations futures (Parc national du Mercantour, 2009).

En France (métropole et DOM/TOM), il y a actuellement 9 parcs nationaux qui couvrent 0,8% du territoire français. Ces territoires sont gérés par des établissements publics sous la tutelle du Ministère de l'Écologie, du Développement durable, des Transports et du Logement (MEDDTL), présidé par un Conseil d'Administration composé de représentants de l'État, d'élus locaux, de scientifiques et d'usagers de l'espace.

Carte du Parc National du Mercantour

Le Parc national du Mercantour (PNM), créé en 1979 s'étend sur un territoire de 2147 km², dont près de 695 km² en zone réglementée, dite « zone cœur », le reste étant en « Aire d'Adhésion ». De l'autre côté du massif du Mercantour, du côté italien, le Parco naturale Alpi Marittime a été créé en 1995, il est issu de la fusion du Parc naturel de l'Argentera (1980) et de la Riserva del Bosco e dei Laghi di Palanfré (1979). Aucune frontière physique ne sépare les deux espaces protégés, ils forment une même entité écologique unique. Ensemble, ils forment un espace protégé de plus de 100 000 hectares à cheval sur les Alpes et une frontière commune de 35 kilomètres. Cette collaboration permet de mieux répondre aux exigences de protection et de gestion de leur patrimoine naturel commun.

Les principales missions du PNM concernent la surveillance, l'étude et la connaissance du territoire et de ses patrimoines naturel et culturel, l'animation et l'accueil du public.

Le Parc national du Mercantour a son siège localisé à Nice, où l'on retrouve la direction et quatre services (cf annexe 1. p.31) : le Service Études des Patrimoines Naturels et Culturels (EPNC) ; le service Communication, Information, Pédagogie (CIP) ; la cellule Système d'Information (SI) et le service Développement Durable et Partenariats (DDP) (soit une quarantaine de personnes). Le parc est également composé de sept secteurs (Roya-Bevera, Haute-Vésubie, Haute-Tinée, Moyenne-Tinée, Haut-Var-Cians, Haut-Verdon, Ubaye) (soit une cinquantaine de personnes), répartis dans les différentes vallées du Parc national. Le personnel de ces secteurs est constitué d'agents (agents techniques et techniciens) qui travaillent principalement sur le terrain pour les différentes missions du parc national : surveillance et protection de la nature, conservation et mise en valeur du patrimoine naturel, réintroduction d'espèces rares, balisage de sentiers, accueil, information du public et éducation au développement durable.

Carte des secteurs du PNM

1.2. Dysfonctionnements observés dans la collecte de données naturalistes

Dans le cadre de leurs missions, les agents récoltent beaucoup de données liées à leurs observations ou à la réalisation de protocoles scientifiques. Actuellement ces données sont récoltées sur papier, et sont ensuite retranscrites sur ordinateur.

En 2010, lors d'une démarche d'évaluation et de hiérarchisation des protocoles scientifiques (Parc national du Mercantour (sous la coordination de Morand A. & Grandadam J.) et al, 2010), le service EPNC a mis en évidence un dysfonctionnement dans la saisie de données récoltées. En effet, les outils mis à disposition aux agents n'étaient pas très pratiques d'utilisation et ne facilitaient pas la remontée d'observations des agents aux thématiciens du service EPNC. Suite à ce constat, un poste d'ingénieur géomaticien a été créé, puis le poste SI et le poste SIG ont formé la cellule SI, qui s'est rapprochée du service EPNC pour faciliter la travail commun sur les données.

1.3. L'évolution du système d'information du Parc

Le Parc national du Mercantour a été un des premiers Parcs nationaux français à se doter d'un outil SIG[1] dès 1985, principalement dédié au recueil et à l'analyse des données scientifiques. Il a évolué jusqu'à aujourd'hui, mais sans réelle cohérence. Peu d'agents de terrain sont formés à l'utilisation des outils SIG. Pour répondre à leurs besoins, ils utilisent par défaut des logiciels simple type CartoExplorer ou font appel au Service SI du PNM si les besoins sont plus poussés en matière de cartographie thématique ou de création de couches. Les thématiciens du service EPNC utilisent au quotidien le logiciel MapInfo. D'autres thématiciens disposent d'ArcGis et récement, certains agents ont été formés au logiciel libre QGIS.

Une forte demande des agents terrain et des chargés de mission pour accéder à l'information géographique est exprimée depuis plusieurs années. En 2010, une restructuration a été lancée dans le but de réorganiser le Système d'Information (SI) du Parc (Parc national du Mercantour and Gaiago, 2010).

Ce projet a été impulsé également par un programme européen, le Plan Intégré Transfrontalier (PIT) avec le Parc national Alpin Marittime italien (PNAM) validé en 2010. Ce programme intervient dans le financement de plusieurs projets communs aux deux parcs sur une durée de trois ans et dans six thématiques principales (inventaire biologique généralisé, patrimoine culturel, planification, tourisme durable, mobilité douce, éducation à l'environnement).

Le volet « planification » concerne directement le SIG avec l'ambition de créer un outil commun entre les deux parcs via des méthodes et outils de partage qui restent à mettre en place, notamment dans le domaine du suivi de la biodiversité ou la création de référentiels communs. Le volet planification, qui porte le SIG, a pour vocation d'être la première base du futur Groupement Européen de Coopération Transfrontalière (GECT), structure juridique franco-italienne qui portera le futur Parc Européen Marittime-Mercantour, premier parc européen.

Le Parc national du Mercantour s'intègre dans un réseau de partenaires régionaux et nationaux (le PNAM, les autres administrations d'État, les collectivités territoriales, le réseau des Parcs nationaux et Parcs nationaux de France (PNF), le Muséum national d'Histoire Naturelle (MNHN), les conservatoires botaniques, le MEDDTL...). Ces partenaires attendent du Parc une étroite collaboration via l'échange d'informations ou la transmission de bilans. La mise en place du SIG devra permettre de faciliter ces échanges en intégrant les contraintes en terme d'outils ou de méthodes de travail. Ce projet tiendra compte des particularités des données des partenaires (organisation et système de gestion de base de données différents) tout en répondant

---

1   *SIG : Système d'Information Géographique*

aux exigences européennes de transparence et d'information du public (directives INSPIRE[2], AARHUS[3]).

L'évolution consiste majoritairement en un remaniement de la structuration et des flux des données SIG et naturalistes, une ouverture en interne (autres services) et en externe (réseau des partenaires) sur les plans fonctionnels (plus de fonctionnalités) et techniques (plus d'accessibilité). Ce projet est cohérent avec la démarche récente d'analyse et de hiérarchisation des protocoles menée en 2010 par le service EPNC (Parc national du Mercantour (sous la coordination de Morand A. & Grandadam J.) et al, 2010).

Le Parc souhaite profiter de cette réorganisation pour développer en plus l'utilisation d'outils nomades afin de faciliter la saisie des relevés effectués sur le terrain. Dès 1988, soit 3 ans après la mise en place du SIG, le PNM avait déjà une volonté de faciliter la chaîne de recueil des données de terrain avec un projet d'utilisation d'outils nomades (Perfus and Claudin, 1988). Ce projet d'informatisation de recueil de données de terrain a été lancé sur un inventaire « Reptiles » avec un matériel de type « Organiseur » : petit ordinateur de poche, sans GPS[4] embarqué qui via un logiciel, pouvait échanger des données avec un ordinateur. Ce système n'était pas très ergonomique dans son utilisation et le projet n'a pas abouti.

En 2006, le PNM propose au grand public la location de guides électroniques proposant des randonnées commentées où le promeneur peut se guider à l'aide de cet outil. En fonction de son déplacement et de sa position, celui-ci accède à diverses informations (sur la flore, la faune, le milieu etc.). Dernièrement, cette application a été développée pour être téléchargeable gratuitement sur smartphone.

1.4. Les grandes étapes de la réorganisation

Le projet de réorganisation a démarré officiellement en juillet 2010. En février 2010, Alain Ferchal, responsable du service SI, a présenté la démarche en interne et commencé un état des lieux au sein du PNM, du PNAM, et au sein du réseau des parcs nationaux. En parallèle, un cahier des charges pour bénéficier d'une Assistance à Maîtrise d'Ouvrage (AMO) a été rédigé, et le choix du candidat a été réalisé en juin. Aidé de l'AMO, une phase d'analyse des besoins plus poussée a été menée en interne (différentes réunions avec trois groupes regroupant thématiciens du siège et agents terrains) et auprès des partenaires (Office National des Forêts, Conseils Généraux 06 et 04, Direction Régionale de l'Environnement, de l'Aménagement et du Logement, Centre Régional de l'Information géographique PACA). A partir de cet état des lieux et des besoins exprimés, un cahier des charges reprenant l'ensemble des fonctionnalités attendues a été rédigé. Un Marché à Procédure Adaptée (MAPA) a été publié fin avril 2011. Le choix a été réalisé en juillet et août 2011. La solution qui a été retenue est proposée par Buisiness Geografic, filiale de la société CIRIL avec son générateur d'applications géomatiques pour Internet « Aigle » (cf. annexe 1. p.32). Le déploiement de la solution a débuté à partir de septembre 2011. L'ensemble de ces réalisations a pris quelques mois de décalage par rapport au calendrier prévisionnel.

---

2   *INSPIRE : Directive 2007/2/CE du Parlement européen et du Conseil du 14 mars 2007 établissant une infrastructure d'information géographique dans la Communauté européenne (INSPIRE)*
3   *AARHUS : Convention d'Aarhus sur l'accès à l'information, la participation du public au processus décisionnel et l'accès à la justice en matière d'environnement*
4   *GPS (Global Positioning System) : système de positionnement mondial par satellites*

La solution Aigle propose un générateur d'applications qui permet de concevoir facilement des applications métiers sans forcément être développeur, directement relié à une base de données spatiale de type PostGis. Les outils de saisie développés sont accessibles sur intranet ou extranet. Il est très facile de les exporter vers une solution nomade. Cette solution a l'avantage de prendre en charge de nombreux formats de données géographiques. L'administrateur peut gérer lui-même les droits d'accès et ainsi permettre l'accès à certaines données, ou encore à des fonctionnalités plus ou moins poussées en fonction de l'utilisateur. Tout le volet restitution de l'information est pris en compte dans une application web.

1.5. Objectifs du projet

Initialement, l'objet de ma mission était d'accompagner le lancement de la solution nomade au sein du Parc avec la nouvelle solution. Mais suite à un décalage dans la procédure très tôt identifié, la mission s'est principalement portée sur une étude des besoins en terme d'outils nomades, puis un accompagnement pour l'initiation à la « démarche nomade » au sein du PNM via un test réel d'un outil appliqué à un protocole.

Une veille technologique sur les solutions matérielles et logicielles existantes ainsi qu'une évaluation des besoins a permis d'initier une phase d'application et de test sur certains protocoles. Ces tests ont été affinés l'étude des besoins tout en initiant une phase de communication sur les outils nomades dans le parc. Enfin, l'analyse des protocoles scientifiques du service EPNC a permis de planifier le déploiement.

Insertion du Projet SILAT dans le planning de réorganisation du SI

Le tableau ci-dessus illustre comment ce projet sur les outils nomades s'intègre dans la démarche de réorganisation du SI du PNM.

Voici ci-dessous un schéma résumant les étapes actuelles entre la saisie des données sur le terrain et l'exploitation de celles-ci. On constate plusieurs étapes pour la chaîne de traitement, avec au final assez peu de retour pour les agents dans un délai court, un stockage multiple des données sur plusieurs postes.

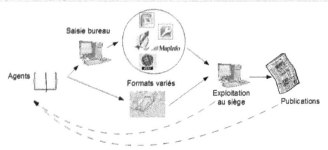

Organisation actuelle de la chaîne de traitement des données récoltées

Ci-dessous, une représentation du projet de restructuration du système d'information du PNM avec la solution Aigle. L'objectif étant de proposer une base unique de stockage de l'information (base de données spatiales), alimentées quasiment en temps réel via l'intranet ou les outils mobiles et restituant l'information via un outil de webmapping. La solution Aigle permet une gestion des droits d'utilisations, la restitution via le webmapping pourra donc être très basique (simple consultation) pour le grand public jusqu'à des applications cartographiques (se rapprochant des fonctionnalités d'un logiciel SIG) pour les utilisateurs du PNM. Un outil de métadonnées sera mis en place en parallèle.

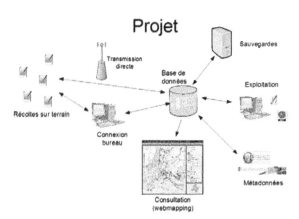

Projet de réorganisation du SI au Mercantour

1.6. Quelques précisions sur les outils nomades

Avant tout, il est nécessaire de bien comprendre ce que l'on entend par outils nomades. Un outil nomade est comme son nom l'indique, un outil qui est déplaçable. Ce terme est assez vaste, mais dans notre domaine, il sous-entend des outils informatiques de terrain avec une utilisation d'informations géographiques combinées à un dispositif de positionnement.

Depuis 2000, date où le brouillage du signal GPS a été suspendu, tout utilisateur est capable de connaître sa position à quelques mètres près. Ceci a contribué à la démocratisation de ce type de technologies qui a été développée pour le grand public, notamment avec les GPS de navigation, pour pouvoir s'orienter rapidement et calculer des itinéraires en temps réel de manière très ergonomique. Ce développement a aussi apporté de grosses avancées au niveau professionnel. On peut citer par exemple, l'utilisation de SIG sur le terrain, que ce soit pour la consultation de données, la saisie ou la mise à jour d'informations géolocalisées. Ce type d'appareil peut également combiner d'autres utilisations comme la prise de notes, la prise de photos géolocalisées, la consultation d'ouvrages de référence ou d'aide à l'identification (flores, guides ornithologiques etc.).

Je me suis basé sur divers documents existants (Quinquenel, 2010), des travaux du Mastère SILAT réalisés en 2009 dans le cadre du Géoséminaire (Mastère SILAT, 2009) et du projet de Magali Giaume (Giaume, 2009a, 2009b) pour évaluer les éléments à prendre en compte pour le choix d'outils nomades (cf. annexe 3. p.34).

Un outil nomade peut être un PDA, un PC-Pocket, un smartphone, une tablette électronique qui fonctionne sous un système d'exploitation tel que Windows Mobile, Android, iOS, Symbian ou PalmOS.

Un « PDA » pour *Personal Digital Assistant* ou assistant numérique personnel est un appareil numérique portable. Le « PC Pocket » ou « Pocket PC » est le nom des assistants personnels souvent associé au système d'exploitation « Pocket PC », Windows Mobile de Microsoft. La synchronisation des données sous Windows est effectuée par l'intermédiaire du logiciel ActiveSync. Actuellement avec les innovations du marché, ces appareils ont évolué vers des smartphones, et tout comme ces termes (PDA, PC-Pocket...), ils ont tendance à être moins utilisés.

Un smartphone (on trouve également le terme de téléphone intelligent), est un téléphone mobile disposant des fonctions d'un assistant numérique personnel. Il peut aussi fournir les fonctionnalités d'agenda, de calendrier, de navigation Web, de consultation de courrier électronique, de messagerie instantanée, de GPS, etc. ("Wikipédia," 2011)

Une tablette électronique, plus souvent simplement appelée tablette (ou « tablet » en anglais), et également connue sous le nom d'ardoise électronique est un petit ordinateur en forme de plaque. Elle est dépourvue de clavier et de souris, l'écriture s'effectue directement sur l'écran de manière tactile ("Wikipédia," 2011)

Voici un schéma illustrant les principales fonctions recherchées dans un outil nomade dans notre cas.

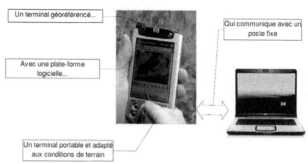

Particularités d'un outil nomade (Giaume, 2009a)

2.   Analyse des besoins et des solutions nomades existantes

2.1. Les attentes du parc pour l'utilisation d'outils nomades

Les atouts de s'orienter vers une utilisation des outils nomades pour un établissement public comme le PNM sont nombreux. Tout d'abord, il s'agit de simplifier la chaîne de récolte des données, en limitant les étapes entre l'observation par l'agent sur le terrain et la donnée enregistrée prête pour consultation ou analyse. Cette simplification doit limiter les sources d'erreurs (liées aux retranscriptions et fautes de frappe) tout en apportant une plus grande rigueur dans la récolte des données. Souvent certains relevés sont inexploitables par manque d'informations. Des formulaires pré-remplis, avec certains champs imposés, permettraient de palier au problème. Ensuite, proposer des outils modernes aux agents, à l'heure où l'information géographique se démocratise et fait partie du quotidien des gens via des applications grand public (Google Earth, GPS embarqué...) permettra certainement de faciliter et de fluidifier la saisie de données. Un gain quantitatif et qualitatif au niveau des données protocoles est attendu.

Ces appareils doivent être très simples d'utilisation, intuitifs et ne doivent pas être une contrainte pour l'utilisateur. Ils doivent même apporter des avantages tels que la consultation de cartes ou photos aériennes, des données antérieures ou encore offrir la possibilité d'enregistrer des notes. Enfin, il est important d'avoir une synchronisation simple mais fiable entre les appareils nomades et la base de données du PNM.

2.2. Expression des besoins pour les outils nomades

Suite à divers échanges lors de réunions et entrevues avec le personnel du Parc, j'ai recueilli les principaux besoins exprimés envers les outils nomades. J'ai constaté que ceux-ci pouvaient être différents suivant les fonctions du personnel, et je les ai regroupés en trois catégories.

2.2.1. Le service EPNC

Pour le service EPNC, la principale attente est d'obtenir plus rapidement, une grande quantité de données récoltées par le personnel sur le terrain lors des réalisations de protocoles et observations. Pour les agents et les thématiciens du service, la retranscription des informations récoltées (du carnet de terrain à une base de données) est très chronophage. Certaines données ne sont pas saisies immédiatement et finissent par s'accumuler. Il y a donc une certaine inertie entre la réalisation des protocoles et l'analyse des résultats. Il peut se passer un an entre la récolte des données sur le terrain et l'acquisition au service EPNC. Il est nécessaire d'avoir une grande réactivité pour répondre à des demandes, aujourd'hui de plus en plus courantes, sur des projets de gestion ou d'aménagement.

Pour motiver la récolte de données, le service EPNC aimerait proposer aux agents une visualisation dynamique des observations collectées.

Les thématiciens souhaiteraient profiter de l'outil nomade pour apporter une saisie plus rigoureuse dans la récolte des données. Souvent certains relevés sont inexploitables par manque d'information. Des formulaires pré-remplis, avec certains champs imposés permettraient de pallier à ce problème.

Enfin, les parcs nationaux travaillent de plus en plus entre eux, ou avec des partenaires extérieurs, il devient nécessaire de faciliter les échanges de données, d'harmoniser les protocoles et les données.

2.2.2. Le service Système d'Information

Actuellement, les données récoltées sont saisies avec différents logiciels et envoyées au service EPNC sous divers formats. Le souhait du service SI est d'acquérir de faciliter la saisie des données.

Tout comme le service EPNC, le service SI souhaiterait avoir des informations complètes, où tous les champs obligatoires soient remplis.

Pour prévenir les demandes d'assistance et de dépannage et assurer le bon fonctionnement de l'outil, le SI aimerait que les agents aient accès directement à une application propre au PNM et que les configurations de l'appareil ne soient pas facilement accessibles. D'expérience, une trop grande liberté dans les paramétrages de l'outil nuit rapidement à son bon fonctionnement.

En zone cœur du PNM, la couverture en téléphonie mobile (GSM[5]) est mauvaise. Il sera donc difficilement envisageable de prévoir un échange de données en temps réel. L'appareil devra embarquer toutes les données nécessaires préalablement (par mémorisation dans le cache ou chargement manuel par exemple) : il faut ainsi prévoir une grande capacité de stockage.

Toujours dans ce sens de simplifier l'utilisation, le chargement et déchargement des données ne devront pas être des contraintes, et devront s'effectuer automatiquement, sans forcément passer par des connexions filaires, mais par l'utilisation du WIFI[6] ou BlueTooth[7] par exemple.

2.2.3. Agents, observateurs

Pour les agents, les besoins sont beaucoup plus pratiques. Ils recherchent avant tout un outil très simple d'utilisation, qui ne soit pas plus contraignant que de prendre un crayon et un bloc note.

L'appareil doit également avoir une autonomie de plusieurs heures de fonctionnement. Il doit être envisageable de pouvoir changer la batterie facilement et d'avoir plusieurs possibilités pour les recharger (sur allume-cigare, en refuge par exemple) pour des missions de terrain de plusieurs jours.

L'outil devra permettre de consulter les principales données géographiques utiles sur le terrain telles que

---

5 *GSM (Global System for Mobile Communications) : norme numérique pour la téléphonie mobile*
6 *WIFI : Ensemble de protocoles de communication sans fil permettant de relier sans fil plusieurs appareils informatiques a des distances de plusieurs dizaines de mètres.*
7 *BlueTooth: Technologie de réseau sans fils d'une faible portée permettant de relier des appareils entre eux sans liaison filaire.*

scan25[8], BDortho[9], couches vectorielles (limites communales, cadastres, données faune et flore...). Ces couches devront pouvoir être superposables.

Le PNM travaille de plus en plus en lien avec d'autres organismes, il est donc nécessaire de pouvoir interroger, ou compléter les bases de données des partenaires.

À l'heure où l'on trouve de plus en plus de ressources numériques, il serait intéressant de profiter du développement des outils nomades pour proposer des applications multimédia souvent gratuites par exemple :

- guide floristique et faunistique (pour aider à la détermination, ou rappeler les caractéristiques des espèces) : guide ornithologique, chants d'oiseaux, guide floristique, guides invertébrés, amphibiens, reptiles etc ;

- prise de notes géoréférencées[10] ;

- prise de photos géoréférencées (beaucoup de photos de plantes sont actuellement prises, le géoréférencement de ces photos aiderait beaucoup à retrouver les localisations) ;

- vidéo ;

- pouvoir accéder à la météo ;

- dictaphone ;

- éventuellement, guidage routier.

Ces dernières applications restent des bonus pour valoriser au mieux l'appareil, la principale attente est d'avoir des outils simples d'utilisation et viables.

2.3. Consultation de structures similaires

Avant de commencer une veille technologique, il est intéressant de voir s'il existent des structures équipées d'une solution similaire à celle que souhaiterait avoir le PNM. Le personnel des organismes suivants a été contacté : les autres Parcs Nationaux de France, l'Office national de la Chasse et de la Faune Sauvage (ONCFS), l'Office national des Forêts (ONF), l'Inventaire Forestier national (IFN), le CEMAGREF, certains Parcs Naturels Régionaux (PNR), des Réserves Naturelles, le Conservatoire Botanique, l'Atelier Technique des Espaces Naturels (ATEN), l'Office national de l'Eau et des Milieux Aquatiques (ONEMA), des Conseil Généraux, TelaBotanica, des bureaux d'études... Je me suis également renseigné auprès d'organismes travaillant dans le même secteur à l'étranger (Canada, Etats-Unis, Angleterre, etc.).

---

8   *SCAN25® : Produit numérique de l'Institut Géographique National constitué d'un dallage géoréférencé de cartes au 1 :25000.*
9   *BDOrtho® : Produit numérique de l'Institut Géographique National constitué d'un dallage géoréférencé d'ortho-photographies aériennes à la résolution de 0.5m*
10 *Géoréférencement : Action consistant à relier un objet et les données qui y sont associées à sa position dans l'espace par rapport à un système de coordonnées géographiques. Certains appareil permettent d'associer les coordonnées géographiques à des photos, notes...*

Le Parc national des Écrins possède un très bonne expérience sur la mobilité étant donné que dès 2008 ils ont utilisé des PDA pour la réalisation d'un protocole flore. Leur expérience et leurs conseils nous ont été très utiles dans certaines décisions citées dans la suite de ce document (Monchicourt, 2008; Guilloux and Parc national des Ecrins, 2009).

2.4. Des applications peu adaptées

Ce tour d'horizon m'a permis de constater qu'il n'y avait pas de solution miracle. Il y a de grosses attentes dans ce domaine, mais pas forcément de solutions adaptées. Certains utilisent des SIG embarqués, d'autres, des solutions métiers, qui sont soit onéreuses, soit nécessitant un développement spécifique. Généralement, les outils sont utilisés pour des besoins vraiment très spécifiques, et sur seulement quelques protocoles.

Au niveau international, j'ai pu constater que, généralement, les personnes utilisent un SIG embarqué (tel que GvSIG, ArcPad...), mais qui sont plus des outils cartographiques, et ne sont pas forcément « friendly user ». L'interface est souvent constituée d'un écran cartographique et d'un écran correspondant aux données attributaires sous forme de tableur. On retrouve également des solutions plus adaptées à la collecte de données pour des protocoles spécifiques mais qui ne prennent pas en compte l'aspect géographique, ou qui enregistrent uniquement la position GPS de l'appareil.

Lorsque l'on regarde les diverses applications existantes sur le marché des téléphones mobiles et smartphones, on pourrait penser qu'il existe déjà un large choix d'application pouvant convenir. Si l'on cherche un peu plus précisément, on s'aperçoit, que ce n'est pas si simple. La plupart des applications cartographiques se limite essentiellement à un enregistrement de point ou de trace géoréférencées, avec éventuellement un fond cartographique. Ce type d'application est rarement associé à un masque de saisie simplifié permettant d'enregistrer des informations d'un protocole. Ensuite, nous avons également des applications qui permettent de facilement paramétrer un masque de saisie répondant aux exigences d'un protocole précis (CyberTracker ("CyberTracker," 2011), EpiCollect ("CyberTracker," 2011)...). Par contre, la position GPS retenue est celle de l'appareil, et il n'est pas possible de déporter ce point (dans les cas où l'observateur voit une espèce à distance).

2.5. Un besoin relativement particulier

Pour une majorité de ses relevés sur le terrain, un agent utilise soit un GPS, soit une carte IGN pour se rendre à un point précis ou simplement se repérer. Ensuite, il décrit soit une espèce, une observation ou un milieu en fonction du protocole (voire même une infraction).

Certaines fois, la position donnée par le GPS ne correspond pas à celle que l'agent veut enregistrer. Par exemple, cela arrive lorsqu'il observe une espèce qui est relativement éloignée ou inaccessible (ex. : un chamois observé dans une barre rocheuse sur un versant opposé). Nous pouvons également avoir le cas où la réception des satellites est mauvaise (couvert forestier, couverture nuageuse, fond de vallée, terrain trop encaissé, etc.). L'agent utilisera alors des repères naturels renseignés sur la carte IGN ou la photo aérienne pour positionner le point de son observation.

L'application doit donc avoir un système permettant dans certains cas de pouvoir déporter le point donné par son GPS.

Le PNM recherche plus une solution permettant de pouvoir créer des masques de saisie adaptés à chaque protocole, et qui mêlent également des outils cartographiques simplifiés.

Lors d'une veille technologique, j'ai recherché tout types d'applications nomades pouvant être utiles aux agents, que ce soit en terme d'application métier, mais aussi utilitaires (guide naturalistes, prise de notes). J'ai établi une liste de ces différentes applications fonctionnant sous Windows Mobile, Android et IOS (Iphone, Ipad) (cf. annexe 4. p. 36).

2.6. Le matériel

Les agents travaillent principalement en montagne, ils ont déjà un équipement minimum lourd à transporter (radio, vêtement de rechange, guides, etc.), l'outil devra donc être léger et compact, facile à glisser dans une poche. Si une housse est nécessaire, celle-ci ne doit pas être contraignante pour l'utilisation du matériel. Dans le cas de l'utilisation d'un stylet, il est vivement conseillé que celui-ci soit attaché à l'appareil.

Confronté à des conditions extérieures, l'outil doit répondre à certaines exigences. Il doit être un minimum résistant aux chocs, être étanche à la poussière et aux projections d'eau. Les relevés étant effectués par tout temps, l'écran doit être facilement lisible par toute luminosité. Les températures extrêmes ne doivent pas gêner l'utilisation, notamment avec le froid qui peut réduire l'autonomie de la batterie ou l'actualisation de l'affichage sur l'écran (cristaux liquides).

Les outils nomades, smartphones et tablettes sont en pleine évolution actuellement, il y a régulièrement des nouveaux modèles avec de nouvelles fonctionnalités. Après avoir effectué de nombreuses recherches sur internet, forums, organismes spécialisés, j'ai finalement trouvé un site très pratique. C'est une grosse base de données sur les PDA : PDA db.net ("PDAdb.net," 2011). Celui-ci permet de rechercher les outils grâce à divers critères de recherches et de les comparer entre eux. On peut citer également quelques autres sources telles que UltimatePocket ("Ultimate Pocket - Tableau Comparatif PDA," 2011) ; NetPocketPC ("Windows Phone 7 et Windows Mobile," 2011) ; GPS Passion ("GpsPasSion," 2011), Android France ("Android France," 2011) ou Smartphone Reviews, News & Video ("Smartphone Reviews, News & Video," 2011). C'est à partir de ces sites que j'ai pu récolter de nombreuses informations et conseils pour privilégier certains modèles.

2.7. Affiner l'analyse des besoins via une application-test à un protocole

Dans un objectif de tester le terrain sur l'arrivée des outils nomades au PNM et surtout recueillir les premières impressions, nous avons choisi de réaliser une application nomade liée à un protocole. Le protocole « diagnostique habitat de reproduction tétras-lyre » a été choisi. Celui-ci correspondait très bien à ce type d'application pour plusieurs raisons. Il s'agit d'un protocole très bien abouti, il nécessite une grande redondance des relevés (un relevé effectué tous les 100 m). La localisation de l'observateur est importante car il doit décrire une maille de 100 m sur 100 en étant certain de décrire la bonne maille. Il y a ensuite une étape fastidieuse d'enregistrement des données (estimée à environ 20 à 30% du temps passé sur le terrain) à une période où les agents sont déjà très occupés.

Ce protocole a été mis en place par l'Observatoire des Galliformes de Montagne (OGM). Le but est d'effectuer un constat des milieux occupés par la poule de tétras lyre en période de reproduction dans l'objectif d'adapter la gestion agricole, pastorale ou sylvicole (Berthet et al., 2010, 2011; Collectif, 2010). (cf annexe 5. p. 42 pour plus de détails sur le protocole).

2.7.1. Choix d'une solution logicielle

Je me suis servi de la veille technologique effectuée précédemment pour choisir une application qui permette d'adapter facilement un protocole sur un outil nomade et si possible de manière assez intuitive. J'ai retenu deux solutions : EpiCollect (qui fonctionne sous Android et Iphone) et CyberTracker (qui fonctionne sous WindowsMobile). Cette dernière nous a été conseillée par le Parc national de Port-Cros qui l'utilise pour la réalisation de certains de ses protocoles et qui permet de répondre à plusieurs de leurs attentes.

Lors du développement, CyberTracker s'est très vite révélé être plus adapté par les nombreuses possibilités qu'il présente. Par exemple, CyberTacker peut renvoyer sur des pages différentes en fonction du choix qui vient d'être fait dans le masque de saisie, contrairement à EpiCollect qui se rapproche plus d'une liste déroulante et où on est moins libre pour adapter à un protocole un peu complexe. CyberTracker présentait d'autres avantages non négligeables tels que le fait de pouvoir insérer dans le masque de saisie des pictogrammes, ou encore accéder à des menus d'aides où l'opérateur retrouve des précisions propres au protocole (cf annexe 5. p.47). C'est donc l'application CyberTacker qui a été installée sur des PDA de type Mio P360.

2.7.2. Utilisation

La phase de test s'est déroulée en deux étapes :

- Tout d'abord, lors des journées de formation au protocole, j'avais préparé un appareil équipé avec l'application pour chaque personne présente. Cette dizaine de personnes avaient des profils bien différents concernant l'utilisation d'outils informatiques et mobiles. Une demi-journée a été consacrée à la réalisation du protocole en milieu forestier.

- Pour la seconde étape de test, j'ai accompagné durant plusieurs jours la personne chargée de réaliser ce protocole dans un secteur du Mercantour. Ceci m'a permis d'ajuster au fur et à mesure l'application pour la rendre la plus opérationnelle possible sur le terrain.

Au final, ce qui s'est révélé le moins fonctionnel était le positionnement de la carte chargée sur l'appareil par rapport à la position réelle de l'outil. En effet, en certains points nous avions un décalage. Nous avons donc utilisé l'application NonyGPS avec les centroïdes pour bien se positionner. Ensuite, l'application CyberTracker a permis d'enregistrer les données.

Les premiers jours, nous avons été limités par les batteries. En réduisant la luminosité, il a été possible de travailler toute la journée avec les appareils. Nous avons également eu quelques problèmes de positionnement liés à une mauvaise réception des satellites par le GPS du PDA notamment liée au couvert forestier. Ces soucis ne sont pas liés à l'utilisation du PDA, vu qu'avec les autres modèles de GPS utilisés dans le parc, nous avions les mêmes problèmes.

2.7.3. Un bilan très positif

Le bilan de ce test a été très positif. Tout d'abord, lors de la formation, toutes les personnes, même les moins attirées par ces outils, se sont très vite familiarisées avec l'appareil. Je m'attendais à avoir des remarques concernant la taille de l'écran, la lisibilité ou les boutons trop petits qui restaient des préoccupations qui ont été souvent soulevées lors de certaines réunions. Finalement, aucune remarque n'a été émise sur ces points. De même, lors de la deuxième phase de test, l'appareil s'est révélé être très pratique d'utilisation, et il était très pertinent et motivant que dès la fin de la récolte des informations sur le terrain, il soit possible de visionner le résultat sur SIG.

Cette application test a permis de mettre en évidence plusieurs éléments indispensables pour faciliter l'appropriation de l'outil nomade :

– le protocole doit être bien réfléchi en amont, l'agent ne doit pas se retrouver sur le terrain à devoir hésiter entre plusieurs solutions pour rentrer une information ;

– la conception du masque de saisie et l'enchaînement des étapes doivent être faites en se positionnant dans la peau de l'agent qui fera le relevé ;

– le masque de saisie doit être très clair, pas trop chargé, et privilégier des icônes, symboles ou pictogrammes à du texte. Il est nécessaire d'avoir un menu « aide » où l'agent pourra retrouver les précisions sur le protocole (cf. annexe 5., p.47 Écran 8bis) ;

– une des limites reste la précision du GPS, que ce soit pour rallier un point, ou la précision lors de l'enregistrement. Il est indispensable de faire un rappel sur le fonctionnement des GPS, le lien avec les satellites et tous les paramètres de l'environnement qui agissent sur la réception (couverture forestière, météo, vallées encaissées...) ;

– peu de temps après la récolte des informations sur le terrain, l'agent peut établir un bilan de son travail. Pour un tel protocole qui est un outil de gestion et communication avec les acteurs d'un territoire, on peut espérer une plus grande réactivité entre la phase de réalisation du protocole et les éventuelles mesures de gestion qui en découleront.

3. Proposition d'équipement

Comme nous l'avons vu précédemment, c'est la solution Aigle qui a été retenue à la suite du marché sur la réorganisation du SIG au PNM. Aigle propose tout un volet mobilité dans sa solution et ceci orientera forcément certains de nos choix. Les masques de saisie développés grâce au générateur d'application sont facilement exportables sur outils nomades.

3.1. Système d'exploitation

Le système d'exploitation est l'intermédiaire entre le matériel et les logiciels d'application. Actuellement sur le marché des appareils mobiles, il existe plusieurs Systèmes d'Exploitation (ou OS pour *Operating System*). On retrouve notamment Windows Mobile, Android, Apple (iOS, Iphone...), Symbian, BlackBerry, etc. La solution Aigle fonctionne actuellement avec Android et Apple ou iOS, donc le choix se limitera à ces deux OS. Nous nous sommes plus tournés sur Android, qui contrairement aux appareils type Iphone ou Ipad offrent plus de liberté d'évolution (changement de batterie, de carte mémoire, connectique plus standard, applications gratuites etc.).

3.2. Synchronisation des outils

Les outils utilisés devront être régulièrement synchronisés avec la base de données du PNM. Pour cela, il existe plusieurs options, soit via une connexion à un ordinateur via un câble (USB, réseau...) sinon, il est possible d'utiliser via l'infrarouge, le BlueTooth, le wifi ou encore le réseau de téléphonie mobile. Celle qui paraît la plus simple pour l'utilisateur est la dernière solution car elle ne nécessite aucun branchement physique.

Vu que le PNM se situe montagne, il est évident que la couverture du territoire en téléphonie mobile est très faible, mais nous n'avons pas de connaissance exacte sur cette couverture. Sur les sites des différents opérateurs d'Orange, de Bouygues Telecom et de SFR ("Couverture Bouygues Telecom," 2011, "Couverture Orange," 2011, "Couverture SFR," 2011), on peut trouver des cartes de couverture, mais ce sont des cartes théoriques établies par modélisation. N'ayant pas de carte présentant la couverture sur l'ensemble du parc, j'ai profité de mes passages dans les différents secteurs pour récupérer cette information à dire d'expert. J'ai demandé aux agents, de me dessiner sur des cartes les zones couvertes ou non, tous opérateurs confondus, sachant que le plus fréquemment, il y a soit rien du tout, soit un ou plusieurs opérateurs.

Cette carte a mis en évidence qu'il y avait environ un tiers de la surface centrale du parc qui n'est pas

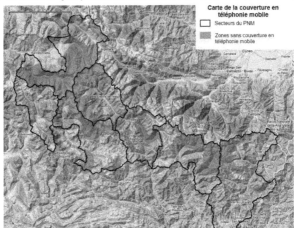

couverte par le réseau en téléphonie mobile. Dans le cadre des applications qui seront utilisées, il est donc indispensable qu'elles puissent fonctionner hors connexion. Cela implique un stockage en mémoire sur le terminal mobile. Les agents devront donc connecter leurs appareils au serveur avant (pour charger les données sur la zone sur laquelle ils vont travailler ou stocker les fonds sur une carte SD embarquée) et au retour de leur sortie (pour que les données récoltées soient envoyées). Il est donc nécessaire d'envisager d'autres solutions d'échange de données telles que le wifi ou le BlueTooth. Le PNE nous a bien rappelé que cette phase de transfert de données est vraiment cruciale. Si un agent, à cause d'un problème de connexion ou de transfert, perd toutes les données qu'il a récolté pendant un ou plusieurs jours en conditions difficiles, il faut s'attendre à ce que celui-ci se désintéresse de l'outil et revienne au carnet de terrain. Ce genre d'erreur peut être ensuite difficile à rattraper.

3.3. Autonomie et batterie

La majorité des sorties se font à la journée, quelquefois, sur deux jours, et rarement sur plus de deux jours. Lors de ces sorties, les agents peuvent avoir accès à un véhicule ou aux batteries des refuges équipés de panneaux solaires. Ceci n'est pas le cas dans tous les secteurs, il est donc nécessaire d'envisager d'avoir une batterie supplémentaire ou de pouvoir recharger les appareils sur le terrain. Sur les conseils du Parc national des Écrins, le plus simple reste d'avoir une batterie portable (type Novodio Pure Watt 5000). En effet, les batteries de rechange sont en général spécifiques à un seul appareil et les changements et chargements de celles-ci ne sont pas aisés sur tous les appareils. L'option d'utiliser des panneaux solaires portables n'est pas pratique, car trop dépendante de la météo, et cela nécessite d'avoir l'appareil continuellement branché à un fil. La batterie portable a l'avantage de recharger plusieurs fois les appareils de manière rapide (par ex. pendant les repas, pauses, etc.) et d'être compatible avec différents terminaux tout en restant peu lourde et peu encombrante.

3.4. Taille

D'un point de vue pratique, la taille des smartphones a des avantages par rapport au poids et à l'encombrement. Par contre, l'inconvénient des petits appareils se trouve plus sur la lisibilité de l'écran qui est assez petit pour des applications cartographiques. Inversement, le format tablette 7 pouces offre un grand confort pour la lisibilité, mais est plus encombrant. Il faut donc proposer des formats d'appareil entre 3,5 et 7 pouces. Un format 5 pouces serait un très bon compromis. Actuellement, sur le marché, il n'y a pas de modèle convenable à ce format. Samsung annonce (IFA 2011 - Berlin 2-7 sept 2011) la sortie prochaine de la Galaxy Note, un appareil de 5 pouces, qui est à mi-chemin entre un smartphone et une tablette. Ce Galaxy Note est également équipé d'un stylet qui permet de prendre des notes très facilement, cet outil semble être tout à fait convenable pour les besoins recherchés.

3.5. Robustesse

Les gardes du PNM passent la majorité du temps en montagne, à effectuer de la surveillance et faire des relevés. Ils sont confrontés aux aléas climatiques (pluie, froid, etc.). Les appareils doivent donc être suffisamment robustes pour résister aux chutes et être un minimum étanches.

Étant donné que la solution Aigle a été retenue, nous sommes limités aux appareils fonctionnant sous IOS ou Android. Actuellement, on constate que les appareils fonctionnant sous Android sont principalement destinés au grand public. Contrairement aux appareils fonctionnant sous Windows Mobile, où il est possible de trouver des appareils durcis et étanches, sous Android nous n'avons pas trouvé de matériels répondant à ces critères (équipés de GPS, étanches, durcis...). Il existe pour le moment un modèle étanche à la poussière et submersible dans l'eau (norme IP67), le Motorola Defy. Malheureusement, celui-ci fonctionne actuellement avec une version d'Android trop ancienne pour être compatible avec Aigle. Il faudra éventuellement attendre la sortie de la prochaine version qui sera convenable.

Dans un premier temps, nous préférons utiliser des matériels « classiques », non durci et équipé de housses, en demandant aux utilisateurs d'en prendre soin en attendant que des modèles plus appropriés sortent sur le marché.

3.6. Achat matériel test

Dès que la solution issue du marché de la restructuration du SIG du PNM a été choisie, sachant que Aigle proposait déjà une solution nomade sur Android et IOS, nous avons procédé à l'achat de différents matériels dans le but de les tester.

Nous avons privilégié des modèles récents fonctionnant sous Android, équipés de GPS, appareils photos numériques, avec avec la possibilité d'ajouter des stockages supplémentaires. La taille de l'écran était un critère déterminant avec des modèles entre 3 et 7 pouces.

Nous avons choisi les modèles suivants :

- Tablettes : Asus EeePad Transformer ; Samsung GalaxyTab ; HTC Flyer ; ViewPad7

- Smartphones : Samsung Galaxy SII ; Samsung Galaxy Ace ; Samsung Galaxy Nexus S ; HTC Sensation

Ces matériels ont été testés (cf annexe 6. p.51) selon un protocole mis au point avec certains autres parcs nationaux qui eux aussi possèdent également quelques appareils, ceci dans le but d'orienter de futurs achats groupés.

4.   Préparation au développement des outils nomades

4.1. Réunions d'information sur la démarche nomade

Même si le SIG existe depuis 1985 au PNM, tout le monde ne comprend pas forcément le fonctionnement et les changements qui vont être apportés par le projet de restructuration. Ce projet doit être accompagné de communication. Dans cette optique, l'ensemble du personnel a eu des présentations sur l'évolution du système d'information du Parc. Pour chaque secteur, un référent a participé aux réunions d'état des lieux et d'avancement du projet.

Lors de mon passage dans chaque secteur, j'ai fait à chacun une présentation des changements à venir au PNM. J'ai basé mon discours sur le projet de restructuration, et j'ai présenté comment viendrait s'insérer la partie nomade d'une manière très simplifiée et surtout ce que cela leur apporterait dans leur travail quotidien. Lors de ces réunions, j'avais quelques échantillons d'outils nomades pour être plus explicite et cela amenait plus facilement la discussion. Ces rencontres se déroulaient de manière conviviale et étaient une très bonne occasion pour tenter de répondre aux demandes, interrogations ou appréhensions. J'ai également participé à certaines activités du PNM avec les agents (comptages, inventaires, suivis...) qui ont été des occasions supplémentaires pour parler de ce projet. J'ai alors constaté l'intérêt de ces réunions d'informations durant lesquelles je sentais la différence entre les personnes qui n'avaient pas encore eu ces présentations et celles qui étaient informées.

4.2. Développer le coté fonctionnel des outils

Les modèles actuels des outils nomades ou smartphones proposent de plus en plus de fonctionnalités (appareil photo, boussole, lecteur multimédia...). On trouve également de nombreuses petites applications qui permettent d'exploiter au maximum ces appareils. Nous pensons qu'il est judicieux de mettre en avant ces fonctionnalités pour aider à l'adoption de ces appareils, qu'ils ne se limitent pas seulement à la collecte des données. Ces outils permettent de consulter les emails ou l'agenda électronique. De plus, avec des applications telles que GPS Status ou GPS Essentials, il est possible d'exploiter au maximum le GPS de l'appareil, pour en avoir une utilisation équivalente, voir supérieure à des GPS classiques (type GPS de randonnées). Des applications comme Carnat, ou encore Bluebill permettent aux naturalistes de pouvoir enregistrer certaines de leurs observations très facilement (chants, images). On trouve également des flores ou guides ornithologiques qui facilitent la détermination des espèces. Enfin, la majorité des appareils possède des appareils photos qui peuvent être très pratiques pour prendre en photo un milieu, une espèce à déterminer à posteriori sachant que ces photos peuvent être géolocalisées (trop de photos sont stockées sans descriptions, il est alors difficile de connaître l'endroit de prise de vue).

Si l'on résume, l'agent aura avec lui l'équivalent d'un GPS, d'un appareil photo, d'un cahier de prise de notes, de guides de détermination, etc. en un seul appareil. Pour des personnes qui se déplacent en montagne, où le poids est une contrainte, ces avantages ne sont pas négligeables.

Je me suis aidé du travail de veille technologique sur les applications (cf. annexe 4. p.36) où j'ai sélectionné quelques applications très pratiques que j'ai proposées sur l'intranet du PNM, cela permet aux agents qui ont déjà des smartphones à titre personnel de bénéficier de ces applications. Ensuite, quand les outils nomades seront plus développés au Mercantour, ces applications pourront être installées sur les appareils.

4.3. Préconisations pour le déploiement des outils nomades

Pour lancer l'utilisation des outils nomades, la démarche retenue a été de la faire de manière progressive. Les agents volontaires et ayant une bonne pratique de l'informatique seront privilégiés pour être équipés en priorité en demandant de nous faire part des éventuels dysfonctionnements. Ensuite, l'équipement se fera de manière progressive dans l'objectif d'avoir tous les secteurs équipés de quelques appareils, voir même d'ici quelques années, que tous les agents puissent avoir un outil de saisie.

Il est vraiment indispensable que l'équipement d'appareil soit accompagné de formation et d'un suivi. En effet, j'ai pu constater qu'il y avait une méconnaissance sur le fonctionnement des GPS. Souvent les appareils sont accusés d'être plus ou moins précis, mais en général se sont les conditions qui ne sont pas favorables à la réception des satellites (météo, couvert forestier, fond de vallée...). Souvent un point est enregistré quelques minutes après la mise en marche de l'appareil, alors qu'il faut attendre un certain moment pour avoir une meilleure précision. Il est donc indispensable de faire quelques séances de rappel sur le fonctionnement des GPS et d'accompagner la démarche nomade.

4.4. Planification de la portabilité des protocoles

Actuellement, le service EPNC a environ une cinquantaine de protocoles. Il est donc évident que le développement de ceux-ci dans la nouvelle solution de saisie de données (que ce soit en bureautique ou en nomade) se fera progressivement. Toujours dans un souci d'introduire la démarche nomade de manière progressive, mais aussi sur les conseils du PNE, les protocoles simples devront être appliqués en priorité. Ensuite, avec la prise en main de la solution Aigle par les agents, des protocoles plus compliqués pourront petit à petit être développés, mais aussi des fonctionnalités plus avancées (traitement géographique). Il y a un protocole très simple, le protocole « contact vertébrés » qui consiste essentiellement à pointer et dénombrer les espèces vertébrées. Ce type de protocole est simple à développer et à utiliser avec un masque de saisie, mais peut est très chronophage pour les agents actuellement, notamment dans la phase de retranscription des observations. Inversement, d'autres protocoles sont beaucoup plus complexes à mettre en œuvre, mais les données récoltées sont peu nombreuses.

En annexe 7. p.55, j'ai établi une grille d'analyse des différents protocoles scientifiques avec une proposition de planification pour la portabilité. Les principaux critères retenus pour cette classification étaient les suivants :

- commanditaire de l'étude : privilégier les protocoles PNM, puis les partenaires ;

- gain de temps : certains protocoles représentent un grand budget-temps, notamment pour la retranscription ;

- besoin de réactivité : pour certains protocoles, les mesures de gestion doivent être appliquées peu de temps après la collecte des données ;

- fonctionnalités de Aigle : actuellement certaines fonctionnalités ne sont pas encore disponibles sur la solution Aigle, mais pourront faire partie des futures évolutions du produit. Certains protocoles ne pourront être portés sur outils nomades tant que ces fonctionnalités ne seront pas disponibles ;

- bénéfices d'un outil nomade : protocoles où l'outil nomade peut apporter un réel avantage sur le terrain (ex : consultation de cartes, données antérieures, enregistrement de waypoints ou traces...).

Suite à cela, j'ai établi des priorités différentes entres les protocoles en proposant un développement sur les trois prochaines années.

5. Discussions

Comme nous l'avons vu, ce projet est arrivé un peu tôt par rapport à l'avancement de la restructuration du SIG du PNM et du choix de l'outil. Il aurait été plus intéressant de travailler sur la mise en place de la démarche outils nomades. En fait, je me suis rendu compte au cours de ce projet que la mobilité est en pleine évolution et que toute cette phase d'étude des besoins, au niveau logiciel ou matériel, est indispensable pour orienter ces choix. Par exemple, en faisant ma veille technologique au début de ce projet, et dans une logique de pérennisation, j'aurais eu tendance à conseiller des appareils durcis et étanches qui conviennent parfaitement à des agents qui sont tous les jours sur le terrain. Mais le marché évoluant tellement vite, il est certainement préférable de s'orienter vers des produits de grande consommation qui sont moins onéreux, où lors des remplacements, on peut bénéficier des avantages des produits récents. Il est donc indispensable d'effectuer continuellement une veille technologique.

Le choix de la solution pour la restructuration du SI a été faite au cours de mon projet. Cela m'a permis de me rendre compte que toute la partie mobilité est très dépendante du système d'information en place. En effet, dans notre cas, le fait que la solution Aigle propose déjà une solution nomade fonctionnelle en lien avec la solution bureautique a simplifié grandement le travail et justifie pleinement ce choix. Dans d'autres cas, il aurait fallu tenir compte du SIG existant, de son organisation, la structure à mettre en place avec une solution de synchronisation des données etc. Par exemple, la dernière partie de la lettre de mission (qui consistait à faire une grille d'analyse des protocoles scientifiques pour les priorités à être portés sur outils nomades) a pris une importance moindre avec le générateur d'application Aigle qui permet facilement d'exporter sur outils nomades les protocoles développés initialement pour l'intranet. Si une autre solution avait été choisie, qui aurait nécessité le développement d'applications fonctionnant sur outils nomades, cette grille d'analyse des priorités aurait eu une toute autre importance.

Le lancement de l'utilisation d'outils nomades est nouveau dans le cas du PNM, ce n'est pas une simple évolution, c'est une nouvelle démarche de saisie d'informations. Il est donc indispensable de préparer, d'informer et d'accompagner le personnel, les agents utilisateurs, pour faciliter l'adoption de ces outils. De même, les besoins exprimés avant la mise en place de ce projet vont certainement évoluer avec l'usage, il faut être attentif à leur évolution.

6. Conclusion et perspectives

Ce travail a permis d'évaluer les besoins du PNM par rapport aux outils nomades. Il s'inscrit complètement dans le cadre de l'évolution du système d'information du PNM. L'objectif principal est d'être le plus efficace dans la mise en place de la nouvelle solution et de limiter les erreurs initiales.

Ce projet a été mené entre le service EPNC et le service SI du parc du Mercantour, il est indispensable que ces deux services continuent à travailler étroitement afin de proposer des applications simples et fonctionnelles aux agents. Je suis également persuadé qu'une fois ce projet en place, l'utilisation des outils nomades pourra être étendue aux autres services du parc pour les protocoles des autres services, pour le contrôle des infractions, le suivi de la fréquentation, etc.

Les besoins exprimés par le Parc national du Mercantour sont des besoins similaires à d'autres organismes gestionnaires de l'environnement, des milieux naturels, de la faune et la flore qui effectuent des relevés d'informations sur le terrain. Cette étude sur l'expression des besoins est donc parfaitement applicable dans d'autres structures similaires.

Dans une logique d'écoresponsabilité et en espérant que des modèles de smartphones ou tablettes plus « durables » voient le jour, il serait judicieux de s'orienter vers ce type de modèles.

Lors de mon projet, j'ai constaté que les échanges sur les outils nomades entre parcs nationaux s'initiaient, entre ceux qui sont déjà engagés dans la démarche et ceux qui souhaiteraient s'équiper. Ces échanges doivent se développer ces échanges, en mutualisant la veille technologique et les retours d'expérience pour évoluer vers des outils réellement adaptés aux besoins et ouvrir cette connaissance aux partenaires.

D'un point de vue personnel, j'ai trouvé ce projet très intéressant dans son coté pluridisciplinaire qui mêle les connaissances naturalistes, informatiques et SIG. J'espère vraiment que toute la partie de récolte de l'information continuera à être simplifiée.

Remerciements

Je tiens à remercier en premier lieu Alain Ferchal et Alain Morand pour m'avoir donné l'occasion de travailler sur un thème d'actualité, mêlant à la fois les compétences en géomatique, mais aussi naturalistes. Ils m'ont donné tous les moyens nécessaires à la réussite de ce projet et m'ont réellement impliqué dans leurs travaux et projets en cours.

Je remercie Jean-Stéphane Bailly pour le soutien, les conseils et les corrections tout au long du projet. Catherine Mazzoni pour ses nombreux échanges et conseils de modélisation.

Je tiens à remercier également le personnel du Parc national du Mercantour, le personnel du siège pour sa gentillesse, sa bonne humeur, et pour toutes les discussions autour d'un café ; les agents pour leur accueil toujours chaleureux dans leurs vallées et pour les quelques sorties. Un merci particulier à Gilles pour les moments passés sur le terrain qui ont été de bons moments d'échanges faunistiques entre autres. Je n'oublie pas Thomas et la piste qu'il m'a donnée.

Merci également au réseau des parcs nationaux, mais aussi nombreuses personnes qui ont participé à ce projet via des conseils, informations ou retours d'expériences sur les outils nomades.

Un merci aux camarades SILAT de tous horizons, pour les échanges très enrichissants et variés effectués au cours de cette année et merci aux encadrants de proposer une formation riche et dynamique.

En dernier lieu et dans un registre plus personnel, je voudrais dire merci à ma famille pour m'avoir soutenu dans tous mes projets et à Mary, pour ses nombreuses corrections, son soutien et sa patience malgré la distance.

Glossaire

AARHUS : Convention d'Aarhus sur l'accès à l'information, la participation du public au processus décisionnel et l'accès à la justice en matière d'environnement

AMO :   Assistance à Maîtrise d'Ouvrage

BlueTooth: Technologie de réseau sans fils d'une faible portée permettant de relier des appareils entre eux sans liaison filaire.

CIP :   Service Communication, Information, Pédagogie du Parc du Mercantour

DDP :   Service Développement Durable et Partenariats du Parc du Mercantour

EPNC :   Service Etude du Patrimoine Naturel et Culturel du Parc du Mercantour

GECT :   Groupement Européen de Coopération Transfrontalière

GPS (Global Positioning System) : système de positionnement mondial par satellites

GSM (Global System for Mobile Communications) : norme numérique pour la téléphonie mobile

INSPIRE : Directive 2007/2/CE du Parlement européen et du Conseil du 14 mars 2007 établissant une infrastructure d'information géographique dans la Communauté européenne (INSPIRE).

MAPA :   Marché à Procédure Adaptée

MCD :   Modèle conceptuel de Données

MEDDTL : Ministère de l'Écologie, du Développement durable, des Transports et du Logement

MLD :   Modèle Logique de Données

OGM :   Observatoire des Galliformes de Montagne.

ONCFS :   Office national de la Chasse et de la Faune Sauvage

ONF :   Office national des Forêts

PDA (Personal Digital Assistant ou Assistant Numérique Portable) : Il s'agit d'un ordinateur très léger, compact, intégrant un système d'exploitation allégé et capable d'exécuter des applications bureautiques, internet, jeux et autres logiciels spécifiques. En voie d'extinction au profit des smartphones.

PIT :   Projet européen Inter-Transfrontalier

PNAM :   Parco Naturale Alpi Marittime - Parc alpin Marittime italien

PNM :   Parc national du Mercantour

Pocket PC : voir PDA

SGBD :   Système de Gestion de Base de Données

SI :   Système d'informations

SIG :   Système d'Information Géographique

Smartphone : téléphone mobile ayant les fonctions d'un PDA

WIFI :   Ensemble de protocoles de communication sans fil permettant de relier sans fil plusieurs appareils informatiques a des distances de plusieurs dizaines de mètres.

SCAN25® : Produit numérique de l'Institut Géographique national constitué d'un dallage géoréférencé de cartes au 1 :25000.

BDOrtho® : Produit numérique de l'Institut Géographique national constitué d'un dallage géoréférencé d'ortho-photographies aériennes à la résolution de 0,5m

Bibliographie

Android France [WWW Document], 2011. . URL http://android-france.fr/

Berthet, A., Gouty, A.L., Delacour, G., Charmetant, R., 2010. Compte-rendu des Rencontres
    techniques pastoralisme et Tétras-lyre dans le Mercantour.

Berthet, A., Gouty, A.L., Garde, L., Delacour, G., Charmetant, R., 2011. Rencontres techniques
    "pastoralisme et tétras-lyre". Pastum, Bulletin de l'Association Française de Pastoralisme
    18-27.

Collectif, 2010. Entre forêts et pelouses, habitat de reproduction du tétras-lyre.

Couverture Bouygues Telecom [WWW Document], 2011. . URL
    http://www.cartographie.bouyguestelecom.fr/eCouverture/eCouverture.aspx

Couverture Orange [WWW Document], 2011. . URL http://couverture-
    reseau.orange.fr/france/netenmap.php

Couverture SFR [WWW Document], 2011. . URL
    http://assistance.sfr.fr/mobile_forfait/mobile/couverture-reseau/en-48-62267

CyberTracker [WWW Document], 2011. . CyberTracker GPS Field Data Collection System -
    Home. URL http://cybertracker.org/

Giaume, M., 2009a. Analyse des besoins de l'ONEMA en terme d'outil nomade, et des
    solutions du marché.

Giaume, M., 2009b. Analyse des besoins de l'ONEMA en terme d'outil nomade, et des solutions du
    marché (Annexes).

GpsPasSion [WWW Document], 2011. . GpsPasSion - Reference site GPS POIs Radars. URL
    http://www.gpspassion.com/fr/Default.asp

Guilloux, J., Parc national des Ecrins, 2009. L'effet géomatique. Espaces Naturels 26, 11–22.

Mastère SILAT, 2009. Géoséminaire 2009 "SIG nomades: une révolution en marche?"

Monchicourt, C., 2008. La diffusion des données localisées au Parc National des Ecrins.

NetPPC [WWW Document], 2011. . Windows Phone 7 et Windows Mobile - actualité smartphones
    WP 7 , tests, infos, videos, applications et accessoires. URL http://www.netppc.com/p.php3?
    p=comparatif.html&c=hardware

Parc national du Mercantour, 2009. Le Parc national du Mercantour.

Parc national du Mercantour (sous la coordination de Morand A. & Grandadam J.) et al, 2010.
    Démarche d'évaluation et de hiérarchisation des protocoles d'inventaires et de suivis
    scientifiques.

Parc national du Mercantour, Gaiago, 2010. Acquisition d'une solution informatique de recueil, stockage, traitement et diffusion de données géographiques - Cahier des charges.

PDAdb.net [WWW Document], 2011. . PDAdb.net - Comprehensive Database of Smartphone, PDA, PDA Phone, PNA, netbook & Mobile Device Specifications. URL http://pdadb.net/index.php

Perfus, M., Claudin, C., 1988. De la saisie sur le terrain à la représentation cartographique: exemple de chainage automatisé appliqué aux inventaires.

Quinquenel, H., 2010. Les SIG Nomades.

Smartphone Reviews, News & Video [WWW Document], 2011. . URL http://pocketnow.com/

Ultimate Pocket [WWW Document], 2011. . Ultimate Pocket: Everything about Pocket PC, PDA, GPS and Mobility - Tableau Comparatif PDA. URL http://www.ultimatepocket.com/index.php?option=com_wrapper&Itemid=49

Wikipédia [WWW Document], 2011. . Wikipédia, l'encyclopédie libre. URL http://fr.wikipedia.org/wiki/Wikip%C3%A9dia:Accueil_principal

Annexes

Table des annexes

1. Organigramme du Parc national du Mercantour

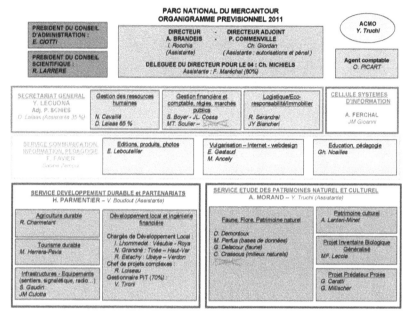

Organigramme du PNM (déc 2010)

SECTEURS

ROYA-BEVERA	HAUTE-VESUBIE	HAUTE-TINEE	MOYENNE-TINEE	HAUT-VAR-CIANS	HAUT-VERDON	UBAYE
Chef Secteur E. Icardo	Chef Secteur S. Cristini	Chef Secteur E. Baudin	Chef Secteur Ph. Pierini	Chef Secteur M. Pannetton	Chef Secteur X (cat. B)	Chef Secteur A. Liborio
Adjoint Th. Lebard	Adjoint P. Tordjman*	Adjoint X (cat. B)		Adjoint X (cat. B)		Adjoint L. Klein
Accueil Secrétariat E. Giordano (50%)	Accueil Secrétariat B. Bianco	Accueil Secrétariat E. Clément (50%)	Accueil Secrétariat E. Clément (50%)	Accueil animations L. Caboufigue I. Guichard C. Winschel	Accueil Secrétariat C. Borréani (50%)	
Gardes Moniteurs J. M. Cevasco S. Garnier F. Poirier L. Gaillard F. Berthollet	Gardes Moniteurs Ph Archimbaud F. Guiga* P. Ormea* F. Rifflet	Gardes Moniteurs A. Turpaud* O. Martigny H. Brosius A. Terreau X. Bonnet	Gardes Moniteurs P. Arsan O. Laurent L. Lubet	Gardes Moniteurs M. Bensa JP. Mandine L. Martin-Dhermont	Gardes Moniteurs Ch. Girardon J. L. Michel S. Claudon	Gardes Moniteurs F. Breton J. L. Dunand Ch. Joulot G. Lombard G. Rebattu
			Agent d'exploitation J. M. Gusmeroli	Agent d'exploitation M. Evenot		Agents d'exploitation B. Porttu D. Warnet

* missions transversales définies par lettres de missions

Organisation des sept secteurs du PNM

2. Générateur d'applications Aigle

CRÉER DES APPLICATIONS
SIG FULL WEB INNOVANTES

Différentes sources de données ? Services web Google® Maps, Bing® Maps, IGN®, WMS, WFS, WMS-C, formats PostGIS, Oracle® Locator / Spatial, ArcSDE, GDB, EDIGEO, SHP, TAB, DXF, DGN, ECW, GeoTIFF etc.
Avec Aigle™ Générateur, votre diversité reste une richesse.

Business Geografic™ vous propose d'intégrer la dimension géographique à votre système d'information et d'accéder avec Aigle™ à un niveau d'autonomie et d'ouverture inégalé sur le marché des SIG.

Aigle™ Générateur répond aux besoins des organisations qui souhaitent réaliser de multiples applications métiers en connexion directe avec leur système d'information de manière simple et rapide. Aigle™ Générateur construit vos applications cartographiques immédiatement disponibles en Intranet & Extranet ou directement sur Internet. Il attaque de très nombreux formats de données cartographiques, sans aucune conversion et crée des liens dynamiques entre votre environnement géographique et votre système d'information. Il devient possible de créer par simple paramétrage des applications complètement packagées et personnalisées, adaptées à vos besoins et à votre identité visuelle. Destinées aux services métiers, aux partenaires ou au grand public, la même technologie permet de gérer le déploiement des applications dans tous les environnements sans surcoût pour l'administrateur.

Aigle™ Générateur offre une évolutivité totale des applications et une autonomie sans égal des administrateurs SIG dans l'enrichissement ou la création d'applications métiers. A l'issue d'un simple paramétrage, les fonctionnalités les plus avancées sont mises à la portée de tous. De la recherche la plus simple, jusqu'aux analyses les plus évoluées, Aigle™ Générateur permet de répondre, de manière autonome, à toutes les attentes.

Il devient possible de créer son application WebMapping de A à Z en dessinant « à la souris » son site web et tous ses exports ou en choisissant parmi les nombreux canevas éditables proposés en standard dans Aigle™ Générateur. Les utilisateurs finaux autorisés pourront même retoucher les mises en page des exports et leur contenu pour les adapter à leur problématique du moment.

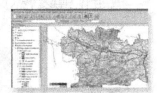

Création d'une application dans Aigle™ Générateur

"Aigle vous permet d'intégrer la dimension géographique à votre Système d'Information de manière simple, rapide et personnalisée."

Amaël GRIVEL

Directeur Général Business Geografic™

Préparation d'un modèle d'export PDF

CRÉER DES APPLICATIONS SIG FULL WEB INNOVANTES

Les applications de la gamme Aigle™ Solutions peuvent être enrichies en totale autonomie avec Aigle™ Générateur. Les applications générées peuvent être limitées à la simple consultation ou être destinées à remplacer les licences des « clients lourds » pour des fonctionnalités de saisie et d'édition alphanumériques et géographiques respectant les contraintes topologiques.

Business Geografic™ investit en Recherche et Développement chaque année et poursuit sa participation aux programmes de recherche en étroite collaboration avec les universités. Cette innovation perpétuelle est le gage pour vos applications d'avoir toujours une longueur d'avance et d'être à la pointe de la technologie.

Paramétrage d'une analyse par classe

En complément des fonctionnalités de consultation (recherches, filtrages, fiches d'informations, thématiques, reporting...) et d'édition avancées, il existe la possibilité de mettre en œuvre des services de tuilage (TMS : Tile Map Service) autorisant des niveaux de performance record.

Aigle™ Générateur permet de :
* Charger plusieurs services de tuilages : Google® Maps, Bing® Maps, IGN® etc.,
* Charger votre propre TMS calculé sur la base d'une application que vous avez créée (fond de plan de votre territoire avec et sans raster),
* Charger vos couches vectorielles (découpage, tournées, quartiers ou arrondissements, vos points d'intérêts etc.) sur votre TMS ou sur un globe virtuel.

Couches vectorielles d'équipements superposées à Google® Maps

De même, la mise en place des « champs calculés » autorise l'administrateur à travailler en toute autonomie sur certaines valeurs non présentes dans les bases, en créant des champs virtuels construits à partir d'expressions SQL libres.

La création de rapports statistiques de pilotage s'en trouve largement optimisée, l'administrateur ajoutant plusieurs séries de données, gérant les empilements de série, et cumulant plusieurs modes de représentation (Barres, Ligne brisée, Aire, Camembert, Points, etc.). La création d'applications devient alors encore plus rapide, et le résultat est pointu et adapté. La création d'indicateurs au sein d'une application WebMapping n'a jamais été aussi simple et puissante à la fois.

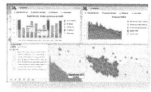

Statistiques dans Aigle™

3. Éléments à prendre en compte pour choix outils et logiciels

D'après le Géoséminaire 2009 (Mastère SILAT, 2009) et un projet de Mastère SILAT (Giaume, 2009a, 2009b)

GPS :
- Intégré ou non (externe)
- Précision (dépend usage), d'une dizaine de mètres à submétrique (conditionnée par nombre canaux, prise en compte des corrections (EGNOS et WAAS)
- Corrections différentielles
- Corrections en temps réel / différé
- Possibilité de connecter une antenne plus puissante (travail sous couvert...)
- savoir très rapidement où l'on se trouve sur le terrain.
- Calculs de surface, très utiles lors des avis techniques.
- Le GPS intégré permet de n'avoir aucun câble gênant la progression dans un milieu fermé (taillis par exemple).
- La précision souhaitée est de l'ordre de 5 mètres

Affichage :
- Attention à la luminosité extérieure (forte luminosité ambiante, reflets soleil...) : correcte pour visualiser les menus de l'interface, des formulaires, moins convenable pour un fond de type cartographique.
- Existe technologies comme les écrans "translectifs" qui font que plus la luminosité extérieure est importante, plus l'écran est lumineux, ça reste le plus efficace (face aux filtres polarisants, antireflets etc...).

Taille / Poids :
- Encombrement, rapport poids / dimension compromis à trouver

Robustesse :
- Critère important
- Humidité, froid, surchauffe
- Chocs, vibrations (test résistance de l'outil à l'environnement extérieur, existe une norme militaire à ce sujet).
- Étanchéiste (norme IP54)
- Outils nomades non durcis, et préfèrent les racheter régulièrement (et bénéficier des évolutions technologiques) plutôt que d'en avoir un durci
- Durée de vie? Outil qui dure une saison ou plusieurs années?

Autonomie :
- l'autonomie de l'outil doit être d'environ 9h, soit une à deux journées de terrain.

- Une alimentation par allume-cigare est aussi souhaitée.
- Type de batterie
- possibilités inactivation fonctions énergivores (gps calcul position en temps réel, wifi, Bluetooth...)
- sources d'alimentation (secteur, allume cigare, panneaux solaires...)
- Temps de chargement

Saisie :
- Mode de saisie doit se faire sur un écran tactile, via un stylet (le stylet soit accroché à l'outil)
- Utra portables: clavier, souris
- PDA et Tablet PC: Stylet, doigt, clavier virtuel, reconnaissance vocale/écriture

Performance:
- Fréquence, type de processeur
- Capacité mémoire carte / interne

Périphériques:
- Appareils multimédia intégrés (appareil photo, dictaphone...)
- Ports disponibles pour ajout de périphériques: lecteur code barre, puces, rfid, laser, boussole, rétroprojecteur, imprimante...

Architecture logicielle:
- Couple système d'exploitation (OS) / logiciel
- Compatibilité terminal / OS / Logiciel
- Libre / propriétaire

- En plus de la différence de taille entre PDA et ultra portables, il y a aussi une différence d'OS. Sur les ultra-portables, etc. on a classiquement un SE PC (Windows, Linux). En revanche, les PDA, en raison de leur petite taille, nécessitent un SE spécifique.
- PDA fonctionnent en majorité sous deux systèmes d'exploitation : PalmOS, promu par la société Palm ou WindowsMobile établi par la société Microsoft.
- Nombreuses versions / Propriétaire / Mêmes caractéristiques, mêmes applications
- Applications incompatibles entre les 2 systèmes; Autrement dit, si un logiciel SIG vous intéresse particulièrement, il va falloir vérifier qu'il tourne bien sur l'OS qui est installé sur notre terminal.
- Pour les plus bricoleurs, ils peuvent enlever l'OS fourni par défaut et installer un OS de type Unix.

Logiciels dédiés:

Logiciels SIG
- Terra Sync (Trimble)
- ArpentGIS
- ArcPad (ESRI)
- Geoconcept Pocket (Geoconcept)
- Mobile Mapping (Magellan)
- CartoPocket, CartoLander (GeoRM)
- MobileSTAR (STAR-APIC)
- gvSIG Mobile (libre)

Logiciels Traitement de données GPS
- PathFinder Office (Trimble)
- Extension GPS Correct pour ArcPad

Développement d'applications spécifiques (développer soi-même des fonctionnalités ou interfaces spécifiques à ses besoins)

Fonctions Logicielles

Collecte de données GPS
- Corrections
- Relevé d'objets 2D/3D

Aide à la saisie terrain
- Masque de saisie de données attributaires
- Dépôts
- Numérisation sur la carte

Fonctions de navigation

Gestion appareil photo

Affichage carte
- Gestion système de projection
- Fonds raster/vecteurs
- Rapidité affichage
- Zoom +/-, recentrage GPS

Fonctions géomatiques
- Calcul distances /aires /etc...

Gestion des données
- Sauvegarde sur carte SD
- Interrogation BD

Communication:
- Réseau Wifi, Bluetooth
- USB, firewire
- Cartes

Avant d'aller sur terrain: charger la zone carto qu'on va étudier

Après le terrain, décharger les données qu'on a collectées, souvent elle se fait via un socle

Format importé / exporté
- Standard / spécifique
- Taille optimisée

Il est important de connaître le format des fichiers qui est accepté par le SIG nomade et par le SIG fixe. En effet, on va distinguer des formats standards, type KML, SHP, qui sont reconnus par la plupart des logiciels, fixes ou mobiles, des formats spécifiques compatibles uniquement avec certains logiciels (données IGN)

Ces fichiers doivent avoir une taille optimisée pour ne as rendre le temps de synchronisation trop long...

Synchronisation
- Intégration / exportation de données en masse
- Temps chargement / déchargement
- Gestion des mises à jour

... C'est notamment à ce moment là que les mises à jour du SIG fixe vont être transmises au terminal mobile.

Dans un cas où on doit importer plusieurs bouts de carte, il peut être intéressant de savoir si on peut charger / décharger en masse

4. Applications pour outils nomades

Cette liste regroupe un ensemble d'applications pouvant être utiles aux agents qui travaillent dans le domaine de l'environnement afin d'agrémenter des appareils fonctionnant sous Windows Mobile, Android ou IOS (Iphone...).

Compatibles avec Windows Mobile

Visualisation – Navigation

GIS.data

 GIS.Data permet de consulter des cartes fournies par OSM, GMaps, YahooMaps ou Bing. Gestion de cartes locales (consultables sans accès web), géosignets, calcul d'itinéraire, localisation, gestion des couches (textes, photos, sons), de workspaces

http://www.ajplprod.com/gisdata/FR/PageMain.htm

GeoLives *(Gratuit pendant une semaine)*

Application pour tourisme et découverte / Sentiers de grandes randonnées basés sur l'API géoportail pour la version France et sur OpenStreetMap pour la version World

http://www.geolives.com/

OpenMobileMaps *(Libre)*

OpenMobileMaps est similaire à GoogleMaps, mais en s'appuyant sur OpenStreetMap.org. Utilisation simplifiée de cartes en plein écran. Support GPS et triangulation GSM (si aucun périphérique GPS est présent) inclus. Les cartes téléchargées sont stockées sur l'outil ou le stockage et seulement les nouvelles sont téléchargées.

http://omm.mine.nu/

PocketExplorer

 Les cartes CartoExplorer sur outil nomade.
http://www.bayo.com/cartographie/catalogue/index.php?prod=1&part=10

Création applications personnalisées

Cyber tracker *(Gratuit)*

 CyberTracker est la méthode la plus efficace pour la collecte de données géoréférencées sur le terrain. Possibilité d'utiliser CyberTracker sur Smartphone ou ordinateur de poche pour enregistrer tout type d'observation. CyberTracker, qui ne nécessite aucune connaissance en programmation, permet de personnaliser une application pour vos propres besoins de collecte de données.

http://www.cybertracker.co.za/

SIG Mobile -collecte données

Albatros *(Gratuit)*

Albatros est un logiciel de navigation GPS destiné aux pilotes d'avion et d'ulm et, plus généralement, aux pilotes pratiquant l'aviation de loisir. Il peut être également utilisé pour le bateau ou la rando.

Ce logiciel mobil est administré par Albatros Manager (client lourd Windows). Celui-ci vous permet d'installer Albatros, de le configurer, de créer les cartes nécessaires à son fonctionnement et de récupérer les fichiers de données enregistrées.

http://logmobi.fr/?page=albatros

ArcGIS Mobile

 De manière plus technique, il s'agit d'une application web accompagnée d'un kit de développement (SDK) « .NET ». Elle se déploie depuis la solution serveur de ESRI « ArcGIS Server » ou « ArcGIS 10 Desktop » directement sur Pocket PC ou sur Tablet PC. Les couches d'information désirées sont transmises lors de la connexion avec le serveur puis stockées localement en cache, en attendant la prochaine synchronisation.

http://www.esrifrance.fr/ArcGIS_Mobile.asp

ArcPad (ESRI) *(Version test / ~1000 à 1200 €)*

 Réunit toutes les fonctionnalités d'un SIG classique. Création, modification, consultation, saisie obligatoire ou guidée. Photos, mesures, points déportés...Gère le format SHP

http://www.esri.com/software/arcgis/arcpad/index.html

ArpentGIS (D3E) *(~800€)*

 La solution ArpentGIS est idéale pour les levés cartographiques et permet de cartographier tout type d'objet (point, ligne, surface) et d'y associer des données attributaires (commentaires par exemple). Toutes les données

sont sauvegardées sous forme de fichiers au format AGI (format texte propriétaire) ou Shapefile (SHP) et sont utilisables par le logiciel ArpentGIS-Expert (livré) ainsi que par la plupart des logiciels SIG de cartographie.
http://www.d3e.fr/gps/gps_arpentgis.html

Elyx Mobile (STAR-APIC) (~1000€)

 Conçu pour les utilisateurs de Star GIS et Winstar. Ergonomique et interface intuitive. Opérationnel sur tous domaines : réseaux, terrains, travaux, urbain, environnement...
http://www.star-apic.com/easiwcm/easibs_wcm.nsf/_/4AD02BEDEA7CBD3CC1257193003BE4EF?OpenDocument

Encom Discover Mobile (mapinfo) (~1000€)

 Très complet en terme de saisie, interface ergonomique, gestion optimisée du SIG, personnalisable...Gère le format TAB.
http://www.encom.com.au/template2.asp?pageid=11

eRelevé (Version gratuite)

 Cette application développée pour Pocket PC et Smartphone permet de collecter et d'exporter très simplement les données naturalistes prises lors d'inventaires de la faune et de la flore. Pocket eRelevé est un carnet de bord électronique pour assister la saisie d'observations : données GPS, observateurs, date et heure de l'observation, import de listes d'espèces et de sites, description, tracée d'observation... export en csv; boussole, chronomètre...
http://www.natural-solutions.eu/accueil.aspx

Geoconcept Pocket

 GeoConcept Pocket offre toutes les fonctionnalités d'un SIG, en format "pocket" : aide à la localisation et la navigation, optimisation des agendas des forces de ventes nomades, mise à jour des données cartographiques directement sur le terrain.
Une palette d'outils complets accessibles sur votre Pocket PC : L'interface de GeoConcept Pocket a été entièrement conçue pour une utilisation nomade : des outils de navigation et de saisie très conviviaux et un espace privilégié réservé à la carte.
http://www.geoconcept.com/Applications-nomades-sous-Windows.html

GvSIG Mobile (libre)

 gvSIG Mobile est la version de gvSIG adaptée aux appareils mobiles : visualisation de couches, génération de traces GPS, imports de données à partir de la version gvSIG desktop
www.gvsig.org

Nony GPS

Ce logiciel permet de situer sa position par rapport à d'autres points GPS, de voir le chemin que l'on a parcouru ainsi que de gérer des alertes.
Il peut servir à retrouver sa place au port après une balade en bateau, son point de départ lors d'une randonnée, sa voiture sur un grand parking, à trouver un site dont on connaît les coordonnées GPS, à voir le parcours de la randonnée que l'on a faite, d'avertisseur de radars entre autres.
Les traces et les points sauvés sont exportables au format GoogleEarth.
Il y a un système de calque pour avoir des anciennes traces en fond, il est aussi possible de mettre des cartes en fond (moving map), Celles-ci peuvent être téléchargées directement depuis Internet si vous avez un accès Internet depuis votre PDA (cartes GoogleMap, YahooMap, VirtualEarth et quelques layers de OpenStreetMap). Il est possible d'afficher des graphiques de l'altitude, de la vitesse ou du niveau de réception.
http://aeguerre.free.fr/Public/PocketPC/NoniGPSPlot/index.php

OSM Tracker (Libre)

 Permet de participer à la cartographie libre d'OpenStreetMap.

WindowsMobile: http://wiki.openstreetmap.org/wiki/OSMtracker

TerraPad Pro (~40€)

 Appréciation globale : Concept ergonomique novateur avec la roue menu contextuel. Les fonctionnalités restent cependant limitées pour un prix conséquent (39€). Comparativement, la solution iGIS est économiquement économique. Possibilités intéressantes de génération de shape ou KML (EPSG4326) en modes points, polylignes, polygones...
http://itunes.apple.com/fr/app/terrapad-pro/id328292895?mt=8

TerraSync (Trimble) (~1300€)

Exclusivement destiné à être utilisé avec un récepteur GPS de marque Trimble.
Caractéristiques principales
Collecte de données de position, de caractéristiques et d'attributs ; Affichage de la Carte en temps réel, avec prise en charge d'arrière-plans en mode vectoriel ou raster ; Fonction graphique de navigation pour retrouver des "cibles" prédéfinies ; Éditeur et modification de dictionnaire d'attributs pour la collecte de données personnalisée ;

Prise en charge des attributs multimédia tels que les fichiers vocaux et photos numériques ; Envoi et réception de fichiers par messagerie électronique directement sur le terrain ; Prise en charge des fichiers de forme ESRI (Shapefile)
http://www.d3e.fr/gps/gps_terrasyncpro.html

Utilitaires

GPS Controller *(Gratuit)*
Le logiciel GPS Controller est un programme gratuit conçu pour vous permettre de configurer toute une gamme de récepteurs GPS. Il existe des versions qui s'exécutent sur les ordinateurs de bureau Windows, ou Windows Mobile.
http://www.trimble.com/support_trl.asp?Nav=Collection-32053

Compatibles avec Android et/ou IOS (Iphone & Ipad)

Visualisation – Navigation

GeoLives *(Gratuit pendant une semaine - Android et IOS)*

Application pour tourisme et découverte / Sentiers de grandes randonnées basées sur l'API géoportail pour la version France et sur OpenStreetMap pour la version World
http://www.geolives.com

GPS Status *(gratuit - Android)*

Affiche les données de votre capteur GPS: position et force du signal reçues des satellites. Vérifiez votre position, la précision des données, la vitesse et l'accélération. Inclus une boussole affichant le nord magnétique et GPS. A utiliser comme outil de calibrage et pour envoyer votre position à vos amis.
https://market.android.com/details?id=com.eclipsim.gpsstatus2&feature=search_result

GPS Essentials *(gratuit - Android)*

Le couteau suisse de la navigation GPS ! L'outil le plus complet GPS sur le marché: Naviguer, gérer les waypoints, traces, routes, construire votre propre tableau de bord à partir de 45 widgets.
https://market.android.com/details?id=com.mictale.gpsessentials

GvSIG Mini – GvSIG MiniMaps *(libre - Android*
gvSIG Mini est un visionneur gratuit de cartes en accès libre (OpenStreetMap, YahooMaps, Microsoft Bing, ...), avec clients WMS, WMS-C, recherches d'adresses et POI, localisation routes et hybrides et bien d'autres choses. Celui-ci peut fonctionnee à la fois en mode connecté et déconnecté au réseau, avec ou sans GPS. gvSIG Mini fonctionne également en Java pour les téléphones un peu anciens !...
https://confluence.prodevelop.es/display/GVMN/Home

I-InfoTerre *(gratuit – IOS ; Prochainement sur Android)*
I-InfoTerre, l'accès nomade aux données géoscientifiques du BRGM
Visualiseur cartographique de données du BRGM pour mobile. Accès aux dossiers sur le sous-sol, forages d'eau, anciens sites industriels, mouvements de terrains, cavités souterraines et aléa retrait-gonflement. Fonds orthophoto, plan ou carte géologique.
http://infoterre.brgm.fr/mobile

Locus *(Gratuit, version pro 3,99€ - Android)*
Profitez des cartes partout sans connection à internet. Application cartographique avec une grande offre de cartes à utiliser en ligne et hors ligne (possibilité de les créer dans l'application). Permettez l'utilisation de nombreuses autres fonctionnalités comme l'enregistrement de traces, la manipulation, import/export de POI et beaucoup plus.
https://market.android.com/details?id=menion.android.locus&feature=more_from_developer

Mobile Atlas Creator *(gratuit - fonctionne sur PC, permet de charger les cartes en mémoire de smartphone)*
Permet de pré-charger les cartes en caches pour différentes applications mobile sur TrekBuddy, AndNav, Android et WindowsCE. Les cartes sont exportées sous forme de fichiers d'images PNG et MAP pour OziExplorer. Basé sur une source de différentes cartes en lignes : OSM, GMaps, Bing Maps, Yahoo Maps et plus.
http://mobac.sourceforge.net/index.html

MyTracks *(Gratuit - Android)*

Enregistre vos parcours GPS et fourni en temps réel des statistiques telles que durée, vitesse, distance, et altitude lors de vos marches, courses ou autres sorties. Une fois enregistrés, vous pourrez partager vos parcours, les ajouter dans vos cartes Google Maps ou les envoyer vers des Feuilles de Calcul Google.
https://market.android.com/details?id=com.google.android.maps.mytracks&feature=search_result

OruxMaps *(Gratuit - Android)*

Oruxmaps permet de visionner des cartes et d'enregistrer vos parcours aux formats GPX et KML. Fonctionne en deux modes:
-En mode connecté avec de nombreux types de cartes disponibles (Google maps, OpenStreetMap, Microsoft Maps,etc.).
-En mode déconnecté avec des cartes calibrées pour l'application. Vous pouvez créer et importer vos cartes avec OruxMapsDesktop ou avec Mobile Atlas Creator.
https://market.android.com/details?id=com.orux.oruxmaps&feature=search_result

Création applications personnalisées

EpiCollect *(Gratuit – IOS et Android)*

EpiCollect Conception de masque de saisie personnalisable. Collecte de données géolocalisées via mobile (iPhone & Android). Export en csv ou xml, visu carto, graphiques, filtres, timeslider, chat. Demo de carnet d'observation naturaliste. OpenSource. (Nécessité d'un compte gmail).
www.epicollect.net/

SIG Mobile -collecte données

IGIS (gratuité temporaire, 24€ - IOS)

 Un logiciel SIG aux fonctionnalités intéressantes pour votre iPhone, ou mieux encore pour votre iPad. Vos données géographiques peuvent être stockées sur l'iPhone, et vous n'avez donc pas besoin d'une connexion Internet pour consulter vos données (sans fond de carte Google). Pas moins de 3000 projections (EPSG) sont prises en charge.
superposer des données géographiques vectorielles et images rasters sur un fond de carte Google si vous êtes connecté. L'importation et l'exportation de données sont facilitées par deux modes de connexion (USB/WiFi).
Vous pouvez modifier les données attributaires. Un point est ajouté à un nom et un champ de description. Ces données sont exportables comme un shapefile ESRI pour votre usage de retour au bureau.
http://itunes.apple.com/fr/app/igis/id338967404?mt=8

Isort (5$ - IOS)

 iSort est un gestionnaire de bases de données relationnelles. Sous ce nom barbare se cache la possibilité de stocker toute sorte d'information afin de la retrouver aisément grâce à des outils de recherche performants. Une base de données est relationnelle si elle permet de mettre en relation des éléments entre eux. Si iSort est autonome, c'est à dire qu'il ne nécessite aucun logiciel installé sur son ordinateur (Mac ou PC), il est possible, comme nous le verrons, de gérer ses bases sur une telle machine pour les intégrer dans l'application. Sur iphone, il peut être utilisé comme un très bon logiciel de base de données
http://itunes.apple.com/app/isort/id290583342?mt=8
On peut importer n'importe quel tableau sous format csv et insérer des images et même des sons (utile pour guides sonores). Il est possible d'avoir par exemple une flore avec le référentiel du CBN. Idem pour la faune etc.. Isort permet de faire des requêtes pré-enregistrées, des formulaires etc. Vraiment un bon logiciel à recommander.

OSM Tracker (Libre - Android)
Permet de participer à la cartographie libre d'OpenStreetMap.

 Android : http://wiki.openstreetmap.org/wiki/OSMtracker_%28Android%29

QGIS sur mobile *(Libre – Prochainement disponible sur Android)*
 Dans la cadre du summer of code de Google 2011, QGIS devrait être déployé sur Android. Sachant que la librairie de dev Qt de QGIS est disponible sur Android sous le nom de Necessitas.
http://www.qgis.org/wiki/Google_Summer_of_Code_2011

TerraPad Pro *(39€ - IOS)*
 Appréciation globale : Concept ergonomique novateur avec la roue menu contextuel. Les fonctionnalités restent cependant limitées pour un prix conséquent (39€). Comparativement la solution iGIS est économiquement économique. Possibilités intéressantes de génération de shape ou KML (EPSG4326) en modes points, polylignes, polygones ...
http://itunes.apple.com/fr/app/terrapad-pro/id326292695?mt=8

Naturaliste (Flore, Faune etc...)

Birds of Western Europe *(36€ - IOS)*

Premier guide complet multimédia des oiseaux d'Europe occidentale (320 espèces) pour smartphones comme l'Iphone (et les modèles d'autres marques disposant de fonctions de lecture de vidéos et de sons) mais aussi pour PC et Mac. Il est possible également lire ces sons (au format mp3), qui ont été enregistrés par Peter Boesman, avec un simple lecteur mp3.
Outre un chant et un cri, chaque espèce est décrite et illustrée avec une photo et une carte de distribution. Ces informations apparaissent automatiquement lorsque vous sélectionnez un fichier audio.
http://www.ornithomedia.com/boutique/boutiq_cdaudio_mp3_western_europe.htm

Birds of Northern Europe *(20€ - IOS)*

Guide de terrain contenant des noms d'oiseaux dans 15 langues et couvrant 352 espèces d'oiseaux régulièrement observées en Europe du Nord. Cette liste couvre toutes les espèces occasionnelles, à l'exception des plus rares, et comprend tous les oiseaux que la plupart des observateurs d'oiseaux ont des chances de rencontrer tout au long de l'année dans cette région du monde, c'est-à-dire le nord de la France, la Belgique, le Luxembourg, l'Irlande, la Grande-Bretagne, les Pays-Bas, l'Allemagne, la Pologne, le Danemark, la Lituanie, la Lettonie, l'Estonie, la Finlande, la Suède, la Norvège et l'Islande. Ce guide contient des informations très complètes : nombreuses illustrations annotées signées par de grands artistes et montrant tous les différents plumages, y compris celui des espèces plus rares et des variantes ; magnifiques photographies de nombreuses espèces ; chants et cris ; cartes de répartition en Europe, en Afrique du Nord et au Moyen-Orient ; ainsi que les textes complets, très détaillés, de la Concise edition of Birds of the Western Palearctic. Un guide parfait pour les observateurs d'oiseaux plus expérimentés qui apprécieront l'étendue et le professionnalisme du contenu ornithologique de cette App.
http://itunes.apple.com/fr/app/birds-of-northern-europe/id377591383?mt=8

blueBill *(gratuit – Android ; prochainement sur IOS)*

Permet de recenser facilement ces observations ornithologiques avec la position GPS en sélectionnant dans une grande liste d'espèces avec l'affichage des noms latins. Il est aussi possible d'avoir les chants etc. Les observations peuvent ensuite être partagées.
Même si le site internet est en anglais, l'application et la liste d'espèces sont en plusieurs langues, dont le français.
http://bluebill.tidalwave.it/mobile/

CarnNart *(Gratuit – Android ; Prochainement sur IOS)*

CarNat est le module Androïd de CardObs, l'outil en ligne (ne fonctionne pas sans connexion à internet) de saisie et de gestion des données naturalistes mis en place par le Muséum national d'Histoire naturelle. CarNat est un Carnet Naturaliste électronique qui vous permet d'utiliser CardObs sur le terrain grâce à une connexion internet et l'utilisation du GPS.
ATTENTION : Vous devez posséder un compte CardObs pour utiliser cette application. Si ce n'est pas le cas, vous pouvez tester l'application en saisissant "demo" en login et mot de passe.
https://market.android.com/details?id=mnhn.CardObs.CarNat&feature=search_result

Clés des forêts *(Gratuit - Android et IOS)*

Apprenez à identifier les arbres forestiers. Grâce à cette clé simplifiée de détermination des feuillus et résineux (conifères), apprenez à identifier facilement les 29 principales espèces forestières françaises. Elle est entièrement embarquée. Une fois en forêt, pas besoin de réseau, toutes les fonctionnalités et tous les contenus sont accessibles en permanence.
https://market.android.com/details?id=com.ONF.clesdeforet&feature=search_result

Cuicui *(2,39€ - IOS)*

Chants d'oiseaux de France et du nord-ouest de l'Europe. Comportant actuellement 131 oiseaux (d'autres prochainement ajoutés), des chants durant jusqu'à 40 secondes pour chaque oiseau ainsi que d'autres enregistrements pour certains oiseaux.
http://itunes.apple.com/fr/app/cui-cui-chants-doiseaux-deurope/id298766050?mt=8

Flore 06 *(Gratuit - Android)*

Identification de plus de 2100 fleurs des Alpes-Maritimes. Aucune connexion réseau n'est nécessaire à son utilisation. Les possesseurs du livre "Guide de la flore des Alpes-Maritimes, du Mercantour à la Méditerranée" aux éditions Gilletta•nice-matin pourront débloquer cette version simplifiée pour visualiser les fiches de descriptions des espèces.
Cette application innovante, par des critères simples, permet de nommer une plante sur le terrain, sans avoir besoin de connaissances en botanique.
Actuellement, la version disponible n'est qu'une maquette et n'est pas utilisable.
https://market.android.com/details?id=com.flore06.baseline&feature=search_result

Iforest *(10,50€ - Android)*

L'App pour tous les passionnés des plantes, professionnels forestiers, jardiniers, etc. Déterminer et s'exercer dans le domaine des arbres et arbustes indigènes de la forêt.
http://www.iforest.ch/fr.html

My Noah *(Android)*

Project Noah est un outil pour explorer et renseigner la faune, ainsi qu'une plate-forme pour exploiter la force citoyenne scientifique partout.
http://www.projectnoah.org/mobile

Utilitaires

Adobe Reader *(gratuit - Android)*

L'outil de référence pour utiliser des fichiers PDF de façon fiable et précise.
Utile pour accéder à des guides au format PDF tels que guides oiseaux, flores, textes législatifs etc.

https://market.android.com/details?id=com.adobe.reader&feature=search_result

Google Docs *(Gratuit - Android)*

 Créer, modifier, télécharger et partager vos documents avec l'application Google Docs.
* Les modifications à vos documents apparaissent aux collaborateurs en quelques secondes
* Faites des changements rapides aux feuilles de calcul
* Visualisez vos documents, fichiers PDF, images et plus.
* Upload et convertir des fichiers au format Google Documents
* Prenez une photo d'un texte imprimé et de le convertir en un document Google Docs
https://market.android.com/details?id=com.google.android.apps.docs&feature=search_result

OpenOffice Document Reader *(Gratuit - Android)*

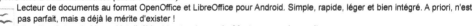 Lecteur de documents au format OpenOffice et LibreOffice pour Android. Simple, rapide, léger et bien intégré. A priori, n'est pas parfait, mais a déjà le mérite d'exister !
https://market.android.com/details?id=at.tomtasche.reader&feature=search_result

Polaris Office *(Android version 3 ou +, installé par défaut sur certains appareils)*

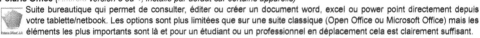 Suite bureautique qui permet de consulter, éditer ou créer un document word, excel ou power point directement depuis votre tablette/netbook. Les options sont plus limitées que sur une suite classique (Open Office ou Microsoft Office) mais les éléments les plus importants sont là et pour un étudiant ou un professionnel en déplacement cela est clairement suffisant.

Quickoffice Pro HD *(13,90€ - Android et IOS)*

 Créer, modifier, accéder et partager vos documents Microsoft ® Office, des tableurs et des présentations - n'importe quand, n'importe où
http://www.quickoffice.com/

Webmapping Mobile

Gmap demo *(IOS)*

 Jquery Google Maps Plugin => PhoneGap, Jquery Mobile frameworks, Google Maps JS API v3

https://market.android.com/details?id=com.mds.gmapdemo&feature=search_result

5. Application à un protocole : le diagnostic habitats de reproduction du Tétras Lyre

Ce protocole a été développé par l'OGM et l'ONCFS est une photographie des potentialités du milieu de reproduction de la poule de Tétras Lyre. Le but est d'effectuer un constat des milieux occupés par la poule de tétras lyre en période de reproduction afin d'adapter la gestion agricole, pastorale ou sylvicole (Berthet et al., 2010; Collectif, 2010; Berthet et al., 2011).

L'OGM a défini plusieurs habitats prioritaires connus pour être fréquentés par le tétras lyre. Chaque année, un de ces secteurs est défini pour être décrit. Celui-ci est divisé en mailles de 100 m de côté (correspondant à un hectare). L'agent utilise un GPS (avec les centroïdes de ces mailles préenregistrés) pour se rendre au centre de la maille. Pour chacune, il doit noter le numéro de la maille, estimer le recouvrement des ligneux, décrire la strate herbacée selon une série de codes prédéfinis. Ensuite, selon les cas, il nomme les espèces ligneuses dominantes puis plusieurs critères qui décrivent le milieu (présence de semis, consommation de pousses de ligneux, pâturage précoce, travaux de réouverture des ligneux, présence d'infrastructures...). Enfin, il a la possibilité de noter quelques observations et commentaires.

Rappel des étapes du protocole sur le terrain

Dans un premier temps, l'agent doit renseigner (détails généralement communs à l'ensemble de la journée de relevés) :

- son nom,

- la date,

- le département

L'opérateur se dirige ensuite vers le centroïde d'une maille, pour commencer la description de celle-ci. Il note le numéro de la maille. Ce numéro n'est pas unique au niveau national, mais au niveau départemental, il faut donc toujours associer au numéro de la maille le numéro de département dans lequel est fait le relevé.

Il donne ensuite un code à l'habitat en fonction de sa description, dont voici un rappel des codes utilisés :

	RL<10%		RL [10-50%[			RL [50-80%[				RL>=80%	
	Strate mésophile 25-50 cm dominante rcvt>=50% maille	Autres cas (éboulis, rocailles, pelouses rases, mégaphor biaie, piste de ski...)	Strate mésophile 25-50 cm dominante rcvt>=50 % maille ligneux en mosaïque répartis selon au moins 10 bouquets	Strate mésophile 25-50 cm dominante rcvt>=50 % maille autre répartition de ligneux	Autres cas (zone humide, pelouse rase...)	Strate mésophile 25-50 cm dominante rcvt<50% maille	Mélézin avec strate mésophile 25-50 cm dominante rcvt>=50 % maille	Autres cas (aulnaie, mégaphor biaie...)	Lande à Rhodo dominante, rcvt>=50 % maille, strate mésophile 25-50 cm présente	Mélézin avec strate mésophile 25-50 cm dominante rcvt>=50 % maille	Autres cas (forêt, fourrés...)
Code	11	13	21	22	23	31	32	33	41	42	43

Définitions :
RL : Recouvrement ligneux
Mésophile : humidité moyenne
Strate 25-50 cm dominante : hauteur de la majorité des espèces herbacées, myrtille/airelle comprises, est comprise entre 25 et 50 cm.
Recouvrement : surface de la maille couverte par les ligneux, dans une vue en plan, avec projection de la couronne ou du houppier
Bouquets : Si distance entre deux individus ligneux (ou groupes) > hauteur du plus grand (arbres) ou > au diamètre (buissons) alors deux bouquets
Pour la 1ere visite Noter pour les codes 11, 21, 22, 31, 32, 41 et 42 : espèces ligneuses dominantes + T + U + D + C
Pour la 2nd visite Noter pour les codes 11, 21, 22, 31, 32, 41 et 42 : P

Ensuite, en fonction des codes précédemment obtenus (pour les 11, 21, 22, 31, 32, 41, 42), l'opérateur doit citer les

espèces ligneuses dominantes, les ligneux hauts (supérieur à 1m de hauteur) et les ligneux bas (inférieur à 1m de hauteur). Il peut y avoir entre 0 et 3 espèces dans chaque cas, et il n'y a pas de hiérarchie entre les espèces.
Voici les codes utilisés pour la description des espèces ligneuses dominantes :

Espèces ligneuses dominantes basses (<1m)		Espèces ligneuses dominantes hautes (>1m)	
Au : Aulne	Ra : Raisin d'ours	AU : Aulne	EP : Épicéa
Fr : Framboisier	Me : Mélèze	ER : Érable	PI : Pin
Rh : Rhododendron	Tr : Tremble	SA : Sapin	SO : Sorbier
Al : Alisier nain	He : Hêtre	BO : Bouleau	ME : Mélèze
Ge : Genévrier nain	Am : Amélanchier	HE : Hêtre	GE : Genévrier
Ro : Ronce	Ep : Épicéa	SL : Saule	TR : Tremble
Eg : Églantier	Pi : Pin		

A noter, cette liste peut être complétée en respectant le principe : ligneux bas majuscule + minuscule, ligneux hauts deux majuscules
Selon les cas, l'opérateur peut donner des compléments sur la maille selon les codes suivants :

Complément	Signification	Description
D (Dynamique)	Risque de fermeture du milieu, lié à la dynamique ligneuse	Présence de semis, rejets, jeunes, des espèces ligneuses dominantes. Évaluer risque fermeture.
C (Consommation)	Effet du pâturage sur la dynamique ligneuse	Consommation importante des pousses (visible sans chercher), piétinement important des ligneux dominants. Mesurer l'effet de la dynamique
P (Pâturage)	Effet du pâturage sur la strate herbacée	Pâturage réduisant le recouvrement et la hauteur de la strate herbacée sous le seuil 50%/25 cm avant mi-août
T (Travaux)	Travaux de restauration du milieu	Évaluation de ces actions
U (Infrastructure)	Présence d'infrastructure (piste de ski, desserte, terrassement,...)	Évaluer l'impact sur la surface et le morcellement des habitats de reproduction

Enfin, il est possible d'ajouter pour chaque maille des commentaires supplémentaires.

Déroulement actuel pour l'acquisition des données :
Actuellement, les agents qui doivent réaliser ce protocole utilisent sur le terrain :

- un GPS, avec les centroïdes des mailles préalablement enregistrés pour se positionner au centre de la maille

- une photo aérienne (qui aide à un positionnement plus précis sur le terrain, notamment si la précision du GPS n'est pas très bonne)

- une grille permettant de noter toutes les données.

Même si le protocole parait très simple, sa complexité réside dans le fait qu'il y a de nombreux points à réaliser (tous les 100 m) et qu'ensuite, l'opérateur doit reprendre ses fiches et enregistrer ses données dans la base de données via un masque de saisie simplifié (développé avec Access par l'ONCFS).
Cette étape est fastidieuse car il y a beaucoup de données à enregistrer. Cette phase de saisie et enregistrement a été estimée à environ 20 à 30% du temps passé sur le terrain à relever ces données. Cela représente donc un budget temps important, mais cette étape peut ajouter des sources d'erreurs dans les informations enregistrées.

Ensuite, une fois que l'opérateur a enregistré ses données dans la base Access, il envoie celle-ci à l'OGM qui compile les différentes bases, et transfère les données dans un SIG.

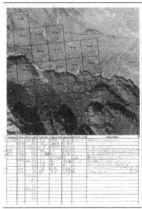

Exemple d'une feuille de saisie utilisée sur le terrain (V. Augé PNV)

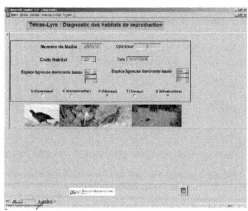

Masque de saisie développé avec Access par l'ONCFS

Évolution vers une méthode de saisie avec outil nomade

Pour appliquer ce protocole sur outil nomade, nous avons retenu l'application gratuite CyberTracker. Pour cela, j'ai établi le cheminement présenté plus bas ainsi que le Modèle Conceptuel de Données et le Modèle Logique de Données (MLD). Ensuite, j'ai essayé d'adapter au mieux ceci dans une application CyberTracker, dont les différents écrans sont détaillés plus bas.

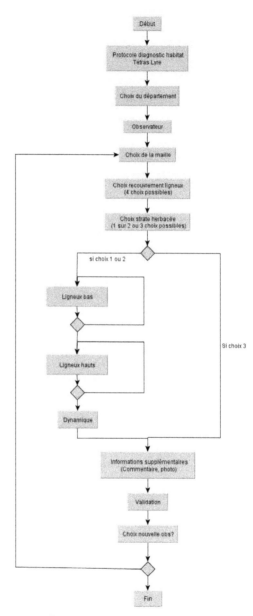

Proposition de cheminement pour la saisie

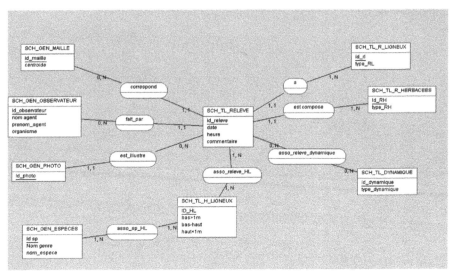

MCD (Modèle Conceptuel de Données) du Protocole habitat tétras lyre

Légende :

TL pour Tétras-lyre

sp pour espèce

R pour recouvrement

H pour hauteur

SCH_GEN pour Schéma Générique (qui seront dans une base commune au parc)

SCH_TL pour schéma Tétras-lyre (spécifique à ce protocole Tétras-lyre)

Voici le MLD qui correspond à ce MCD :

SCH_GEN_MAILLE (id_maille, centroide)

SCH_GEN_OBSERVATEUR (id_observateur, nom_agent, prenom_agent, organisme)

SCH_TL_RELEVE (id_releve, date, heure, commentaire, #id_maille, #id_observateur, #id_rl, #Id_RH)

SCH_TL_R_LIGNEUX (id_rl, type_RL)   SCH_GEN_PHOTO (id_photo, #id_releve)   SCH_TL_DYNAMIQUE (id_dynamique, type_dynamique)

SCH_TL_R_HERBACEES (Id_RH, type_RH)

SCH_GEN_ESPECES (Id_sp, Nom_genre, nom_espece)

SCH_TL_H_LIGNEUX (ID_HL, bas>1m, bas-haut, haut1m)

asso_releve_dynamique (id_releve, id_dynamique)

asso_sp_HL (Id_sp, ID_HL)

asso_releve_HL (id_releve, ID_HL)

Adaptation du protocole sur outil nomade avec CyberTracker

Ecran1 : Protocole Tétras Lyre

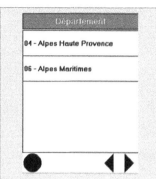

Ecran2 : Choix du département où est fait le relevé

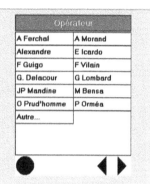

Écran 3 : Nom de l'opérateur qui effectue le relevé

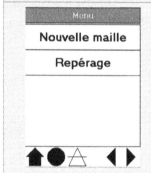

Ecran 4 : « Nouvelle maille » : l'opérateur est guidé vers l'écran 6 pour commencer la saisie, « Repérage » : l'opérateur est guidé vers l'écran 5.

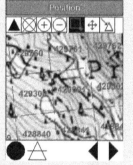

Ecran 5 : Permet à l'agent de se repérer grâce au scan25 géoréférencé, et de connaître le numéro de la maille dans laquelle il se trouve.

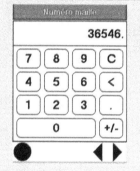

Ecran 6 : Saisie du numéro de la maille

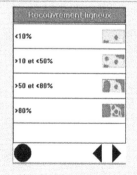

Écran 7 : Choix du recouvrement ligneux

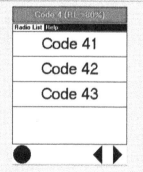

Écran 8 : Choix du code correspondant au milieu (celui-ci dépend du choix à l'écran 7)

Code 4 (RL >80%)

Radio List | Help

Code 41: Lande à rhododendron dominante,
recouvrement de la maille > 50 %,
strate mésophile 25-50 cm présente

Code 42: Mélézins avec strate herbacée mésophile dominante. Recouvrement de la maille > 50 %

Code 43: Autres cas : forêts, fourrés

Écran 8 bis : En cliquant sur « help » à l'écran 8, l'opérateur accède aux détails des codes.

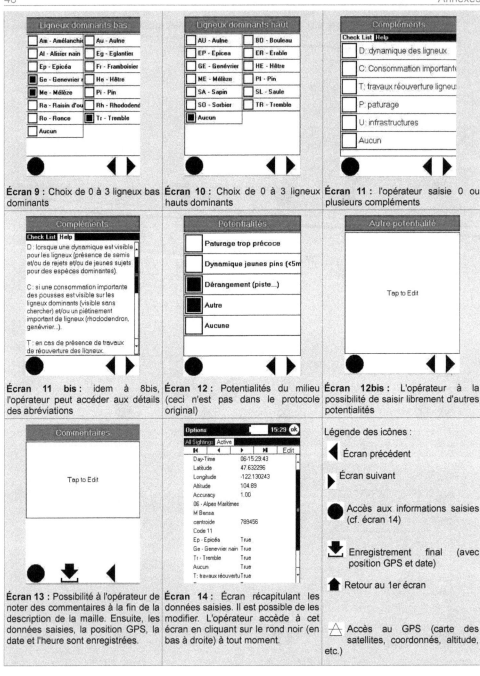

Écran 9 : Choix de 0 à 3 ligneux bas dominants

Écran 10 : Choix de 0 à 3 ligneux hauts dominants

Écran 11 : l'opérateur saisie 0 ou plusieurs compléments

Écran 11 bis : idem à 8bis, l'opérateur peut accéder aux détails des abréviations

Écran 12 : Potentialités du milieu (ceci n'est pas dans le protocole original)

Écran 12bis : L'opérateur à la possibilité de saisir librement d'autres potentialités

Écran 13 : Possibilité à l'opérateur de noter des commentaires à la fin de la description de la maille. Ensuite, les données saisies, la position GPS, la date et l'heure sont enregistrées.

Écran 14 : Écran récapitulant les données saisies. Il est possible de les modifier. L'opérateur accède à cet écran en cliquant sur le rond noir (en bas à droite) à tout moment.

Légende des icônes :

◀ Écran précédent

▶ Écran suivant

● Accès aux informations saisies (cf. écran 14)

⬇ Enregistrement final (avec position GPS et date)

⬆ Retour au 1er écran

△ Accès au GPS (carte des satellites, coordonnés, altitude, etc.)

Application sur le terrain

Nous avons profité d'une formation de l'OGM destinée aux agents du parc souhaitant appliquer ce protocole sur le terrain pour lancer la démarche d'utilisation des outils nomades. Cette formation se déroulait sur deux jours, avec une journée théorique en salle et une journée application sur le terrain. Lors de la première journée, nous avons présenté la démarche du PNM pour les outils nomades, puis l'application adaptée à ce protocole.
Le deuxième jour, nous avons équipé tous les participants de PDA. Le public avait un niveau hétérogène concernant l'utilisation des appareils électroniques, cela allait de personnes plutôt réticentes à ces nouvelles technologies, jusqu'à des personnes possédant ce type d'appareil à titre personnel.

Après une petite explication collective sur l'utilisation, puis quelques ajustements individuels pour les personnes ayant des questions, tout le groupe a rapidement pris en main l'appareil. L'application étant correctement adaptée au protocole, aucune gêne n'a été ressentie par rapport à l'utilisation d'outils nomades.
Par la suite, lors du débriefing, j'ai fait une démonstration de déchargement des données, et l'ensemble des agents a reconnu l'intérêt de l'utilisation de cet outil, notamment par le gain de temps où il n'y a pas de ressaisie à faire par la suite.

J'ai également effectué une seconde phase de tests pour ce protocole où j'ai accompagné pendant plusieurs jours une personne qui a réalisé ce protocole sur un site du PNM. Cela m'a permis de voir comment se déroulait le protocole en grandeur nature, et d'ajuster l'application au fur et à mesure (réglage de petits bugs, amélioration de l'ergonomie...). Nous avons enregistré les informations sur l'outil nomade, mais aussi sur une feuille papier, par précaution en cas de dysfonctionnement pour décharger les données de l'appareil.
La phase de récolte était très aisée sur le terrain, ce qui nous a le plus retardé était les problèmes liés au positionnement du GPS sur les centroïdes, à cause de la couverture forestière, de la couverture nuageuse etc. Les premiers jours, nous avions un GPS de randonnée communément utilisé par les agents (Garmin Etrex), puis nous utilisions ensuite NonyGPS sur le même appareil qui nous servait à enregistrer les informations. La qualité de réception était la même entre les deux appareils. Les premiers jours, nous avons été limités par rapport à l'autonomie du terrain, puis en réduisant la luminosité et en désactivant les fonctions non utilisées (wifi, BlueTooth...) le problème d'autonomie a été résolu. Le territoire sur lequel nous avons réalisé ce protocole était relativement pentu, il nous est arrivé de faire quelques chutes ; ce qui m'a permis de constater qu'il était indispensable d'avoir un appareil avec plusieurs fonctionnalités plus que plusieurs appareils (GPS, outil de saisie...), et que ceux-ci devaient si possible être attachés à une dragonne ou équivalent.
Ce qui a été très appréciable, c'est la récolte des données quasi-instantanée. Dès le soir, il était possible de transférer l'ensemble des informations, et après quelques traitements informatiques, on pouvait avoir un rendu cartographique.
Avec un outil plus performant, on peut envisager que l'agent qui a effectué les relevés puisse, quelques jours après le terrain, aller dialoguer avec les acteurs liés au territoire, qui est un des principaux buts ce protocole.
Petit retour sur l'utilisation de CyberTracker :
CyberTracker m'a permis de très bien adapter le protocole sur outils nomades, en allant assez loin dans la personnalisation, notamment avec la possibilité d'ajouter un des icônes (ecran7), des détails via un bouton « help » (écran 8bis et 11bis). Il est également possible d'être redirigé : ex. en fonction du choix à l'écran 7, l'écran 8 sera différent. Idem, à l'écran 8, pour les deux premiers choix, l'opérateur sera dirigé vers l'écran 9, alors que s'il fait le 3ème choix (code 43), il sera directement redirigé vers l'écran 12. Enfin, l'application est facilement installable sur plusieurs appareils.
Par contre, même si cette application possède de nombreux avantages, je me suis rendu compte que la fonctionnalité permettant la navigation était relativement limitée, celle-ci ne prend en compte que le format ecw, il faut donc travailler le fond de carte sur un autre logiciel au préalable pour ajouter les mailles. Nous avons également constaté l'existence d'un décalage entre le fond de carte et la position du GPS qui était inégale, probablement lié à la méthode de calage de l'image. D'autre part, un autre élément non négligeable, sur certains champs, il n'était pas

possible de mettre des restrictions. Par exemple, sur le nombre d'espèces ligneuses, dans le protocole, elles sont limitées à 3, mais il est possible d'en enregistrer plus que 3. Idem, pour le numéro des mailles, il n'est pas possible d'imposer une plage de numéros.

Il aurait été également très appréciable d'avoir un outil cartographique plus dynamique, qui permette de compléter directement le numéro de la maille en fonction de l'endroit où l'on se trouvait. Lors de l'utilisation, l'agent devait soit mémoriser le numéro de la maille soit avoir une carte ou GPS pour avoir le numéro de celle-ci qu'il enregistrait ensuite dans le masque de saisie.

Enfin, là où j'ai rencontré le plus de difficultés était pour la récupération des données lorsque l'application avait été installée sur plusieurs outils nomades via le même ordinateur. Si un ordinateur était attribué à un seul outil nomade, ce problème ne se posait pas. Il semblerait que cela soit lié à ActiveSync sur Windows.

Cette application de CyberTracker correspondait bien à nos attentes pour réaliser un test avec une application sur un protocole en grandeur nature. Cela a été d'une grande utilité, très intéressant pour recueillir des avis plus réels qu'autour d'une table lors d'une réunion.

6. Grille comparative de quelques smartphones et tablettes

Fonctionnalités retenues pour le choix des appareils : GPS ; Android > 2.1 ; appareil photo, écran entre 3 et 7 pouces (excepté pour l'Asus Eee Pad Transformer qui a été testé pour une utilisation alternative à un PC-Portable). Les modèles Motorola Defy et Samsung Galaxy Note ne sont pas encore disponibles mais ont été ajouté dans la grille à titre informatif.

Marque	Asus	HTC Flyer	Samsung	ViewSonic	Samsung	Samsung	Samsung	HTC	Motorola	Samsung
Ref.	EeePad Transformer	Flyer	Galaxy Tab	ViewPad7	Galaxy SII	Galaxy Ace	Nexus S	Sensation	Defy MB 526	Galaxy Note
Gamme prix TTC (€)	600 à 650	600 à 650	300 à 350	300 à 350	550 à 600	300 à 350	550 à 600	550 à 600	Sortie prochainement	Sortie prochainement
Photo										
Vers. Android	3	2,3	2,2	2,2	2,3	2,2	2,3	2,3	2,3	2.3
Affichage (pouces)	10,1	7	7	7	4,3	3,5	4	4,3	3.7	5,3
Résol. écran	1280*800	1024*600	1024*600	800*480	800*480	320*480	800*480	960*540	480*854	800*1280
Taille (mm)	271*171*12,98	195,4*122*13,2	190*120,45*11,98	179,9*110*11,4	66,1*125,3*8,49	59,9*112,4*11,5	63*123,9*10,88	65,4*126,1*11,3	59*107*13.4	82.95*146.85*9.65
Poids (g)	680 (clavier inclus)	420	375	377	116	114	129	148	118	178
Mémoire intégrée	32 Go	32Go	16Go	512Mo	16 Go	512MB	16 Go	1 Go		
Ram	1Go – DDR2 SDRAM	1Go		512 Mo		384MB	512 Mo	768 Mo	512 Mo	1Go
Cartes mémoires flash prises en charge	microSD-microSDHC	microSD-microSDHC	microSD, microSDHC jusqu'à 32 Go	microSD, microSDHC	MicroSDHC jusqu'à 32 Go	microSD, microSDHC-jusqu'à 32 Go	Pas d'extension de mémoire	microSDHC	microSD, microSDHC	microSD, microSDHC
Processeur	NVIDIA Tegra 2 1 GHz	32 bit Qualcomm Snapdragon MSM8255T - 1,5 GHz	Samsung S5PC110·1 GHz	32 bit Qualcomm MSM7227 - 600mHz	Samsung 1.2 GHz	32 bit Qualcomm MSM7627 - 800mHz	Hummingbird Cortex A8 1GHz	32 bit Qualcomm Snapdragon MSM8260 - 1.2 GHz	32 bit Texas Instruments OMAP 3620 – 1 GHz	32 bit ARM Cortex-A9 MPCore – 1,4 GHz
Résol. APN	5 MP	5 MP	3 MP	3 MP	8 MP	5 MP	5 MP	8 MP	5 MP	8 MP
WIFI	802.11b/g/n	802.11b/g/n	802.11b/g/n	802.11b, g	802.11a/b/g/n	802.11b/g/n	802.11b/g/n	802.11b/g/n	802.11b/i/g/n	802.11a/b/g/n
BlueTooth	2.1 EDR	3.0	2.1 EDR	2.1 EDR	3.0	2.1	2.1 EDR	3.0	2.1 EDR	3.0
Technologie mobilité sans fil	Non supporté	GSM, GPRS, EDGE, WCDMA, HSPA	GPRS, EDGE, HSDPA, HSUPA	CSD, GPRS, EDGE, UMTS, HSDPA	WCDMA (UMTS) / GSM	CSD, GPRS, EDGE, UMTS, HSDPA	WCDMA (UMTS) / GSM	CSD, GPRS, EDGE, UMTS, HSDPA, HSUPA, HSPA+	GPRS, EDGE, UMTS, HSDPA, HSUPA	GPRS, EDGE, UMTS, HSDPA, HSUPA, HSPA+
GPS	Assisted GPS, Geotagging	A-GPS, QuickGPS, Geotagging	Assisted GPS, Geotagging	Assisted GPS, Geotagging	A-GPS CSR SIRF IV NMEA0183	Assisted GPS, Geotagging	Assisted GPS, Geotagging	A-GPS QuickGPS Géotagging	A-GPS, QuickGPS, Geotagging	A-GPS, Geotagging
Test GPS	**	**	**	**	***	**	*	**		
Batterie	Lithium-polymère – 24,4 Wh	Lithium-ion 4000mAh	Lithium-ion 4000mAh	Lithium-polymère – 3240 mAh	Lithium-ion 1650 mAh	Lithium-ion 1350 mAh	Lithium-ion 1500 mAh	Lithium-ion 1520 mAh	Lithium-ion 1700 mAh	Lithium-ion 2500 mAh
Connectique	Spécial	Spécial	Spécial	Mini USB	MicroUSB	MicroUSB	MicroUSB	MicroUSB		
Points positifs	Autonomie (avec clavier) Clavier amovible	Performance HTC Sence Stylet	Autonomie	Housse incluse Mini usb	Puissance APN Qualité image et luminosité Fluidité Léger, compact et fin	Autonomie Performance		Puissance réactivité, fluidité HTC Sence Solide (aluminium) Résolution écran APN	Étanchéité à l'eau (immersion jusqu'à 1m) et la poussière IP67	Taille, puissance, stylet
Points négatifs	Pas de port usb sur la tablette (2 sur le clavier) Connectique	Prix Branchement spécial	Branchement spécial APN	Logo différent des autres modèles (maison...) Écran pas agréable	Coque tout en plastique	Résolution	Pas de possibilité d'étendre la mémoire GPS	Autonomie Poids	Taille écran	
Recommandations		***	**	*	***	***	*	**		

* : faible ; ** : moyen ; *** : correct

Couleur : Vert : point positif – Rouge : point négatif – Gris : modèle non testé prochainement disponible.

Abréviations : APN : Appareil photo numérique ; MP : MégaPixel

L'autonomie n'a volontairement pas été ajoutée car trop difficile à estimer de manière rigoureuse. Sur les sites internet et forums, les autonomies indiquées variaient du simple au double.

Petit bilan

Ceci est un bilan issu de quelques manipulations des différents appareils. Ces tests ont été réalisés de manière ponctuelle, lors de diverses sorties avec de petites applications gratuites. Ces outils n'ont pas été testés avec la future application métier.

Mémoire
La majorité des appareils est livrée sans carte de stockage, et pour certains, la mémoire interne est vraiment très faible. Donc, il faut prévoir de rajouter à l'achat, le prix des cartes micro-SD. Seul le Nexus S ne permet pas d'étendre la mémoire, ce qui peut être une limite si l'on souhaite charger des fonds de cartes ou photos aériennes.

Protection
Idem, il faut prévoir de rajouter des housses de protection, qui ne sont pas faciles à trouver dans le commerce ou qui sont relativement onéreuses (prévoir pour certains modèles une quarantaine d'euros). Dans les modèles ci-dessus, seules les tablettes ViewPad 7 et HTC Flyer avaient des housses. Une housse en cuir bien adaptée pour le ViewPad 7. Par contre, HTC Flyer a une belle housse en cuir blanc, mais qui n'est pas forcément adaptée pour une utilisation sur le terrain.

Écran
Pas de grandes différences entre les appareils, mis à part le ViewPad 7 dont le tactile n'est pas très agréable. D'autre part, sur ce modèle les pictogrammes des boutons essentiels ne sont pas standards (logo en forme de petite maison, logo retour et logo accès aux paramètres), cela peut être déroutant pour certaines personnes si elles avaient à passer d'un modèle à l'autre.
Le Galaxy Ace a un écran assez petit (3,5 pouces avec une résolution de 350*480) qui limiterait lors de l'utilisation en cartographie.

Connectique
Seuls 3 modèles ont des branchements (prise coté appareil) spécifiques à la marque, tous les autres ont des prises standard (miniUSB ou microUSB), que ce soit pour le rechargement ou l'échange de données. Par contre, tous les câbles contenus dans les coffrets permettent un branchement sur port USB (permettant de recharger sur un ordinateur, en voiture via un adaptateur allume-cigare / USB).

Autonomie
J'ai d'abord testé l'autonomie sur tous les appareils, après avoir désactivé la plupart des fonctionnalités telles que le wifi et bluetooth, en enregistrant des traces GPS. Mais ceci n'est pas représentatif de l'utilisation qu'auront les agents sur le terrain. J'ai constaté lors d'une utilisation sur d'autres terminaux (PcPocket) que l'autonomie dépend surtout de l'utilisation que l'on en fait. Il faudrait que chaque appareil soit réglé sur la même luminosité, et que l'on se serve des écrans tactiles de la même manière sur tous les appareils (car la surface de l'écran, et le fait qu'il soit tactile représentent une grande partie de la consommation en énergie). Mais ceci est assez difficile à réaliser de manière similaire sur tous les appareils..
J'ai également constaté que sur certains modèles, des applications (Gmaps...) sont lancées au démarrage de l'appareil, et ne sont pas forcément visibles sur l'écran d'accueil. Enfin, la plupart du temps, les autonomies affichées sont soit en veille, soit en communication, ce qui ne nous concerne pas.
Lors des tests avec enregistrement de la trace GPS en continue (écran en veille), les smartphones ne sont pas autonomes plus d'une journée. Pour les tablettes, on a une autonomie de plusieurs journées, mais je pense qu'en utilisant l'appareil avec écran allumé en permanence, celle-ci doit être beaucoup moins importante.
Le graphe ci-dessous montre l'état de la batterie de chaque appareil (en pourcentage) avec la même utilisation pour tous les appareils : mise en marche en même temps, avec 2 applications (MyTracks, GPS Essentials) destinées à enregistrer les traces GPS, sachant que l'écran était en veille, avec wifi et bluetooth désactivés. Ceci n'a été réalisé que sur un test. Il serait intéressant de faire d'autres tests avec saisie d'informations et utilisation de l'écran tactile, de manière similaire pour tous les appareils.

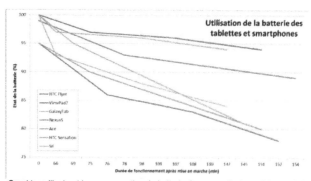

Graphique illustrant la consommation de batterie des appareils (enregistrement de traces GPS, écran en veille)

GPS

J'ai commencé par chercher les références des puces GPS qui étaient installées sur les appareils, mais cette information est rarement communiquée. Sur certains modèles, de petits logiciels tels que QuickGPS ou GPS Rapide, sont installés pour accélérer la recherche de position GPS. De même, la plupart de ces appareils sont équipés de A-GPS, qui permet un positionnement plus rapide par le téléchargement d'une éphéméride, donc le positionnement initial peut être plus rapide qu'un GPS de randonnée classique. Je voulais également travailler sur les erreurs enregistrées sur les appareils (Dilution of precision ou DOP), mais j'ai constaté que les applications utilisées ne la communiquaient pas dans les fichiers contenant les données. Idem, certaines applications utilisent cette valeur pour proposer un tracé plus lisse.

Pour mes tests, j'ai donc mis l'ensemble des appareils en marche, à l'intérieur d'un bâtiment, pour être exposés simultanément à la couverture des satellites. Ensuite, j'ai effectué le même parcours avec tous les appareils, en passant dans des milieux variés (plaines, vallées encaissées, passage sous tunnel). Ensuite, j'ai observé les différentes traces.

On constate que l'ensemble des traces est assez proche. On peut avoir une dizaine de mètres entre les différentes traces, cela peut aller jusqu'à une trentaine mètres. Il n'y a pas de valeurs aberrantes, je pense que c'est grandement lié aux applications utilisées (GPS Essentials, MyTracks, OSMTrackers...) qui ne retiennent que les valeurs correctes.

Quelques appareils ont été mis en évidence par ces petits tests. Le Nexus S, a été long à se positionner, et ensuite, à plusieurs reprises, il avait un décalage par rapport à l'ensemble des autres traces. Ensuite, les autres ne présentent pas trop de différences, même si la Galaxy Tab a quelquefois de petits décalages. Je rappelle que ces observations sont à prendre avec précautions, et qu'il faudrait effectuer d'autres tests pour confirmer ces observations.

Voici quelques portions de traces enregistrées.

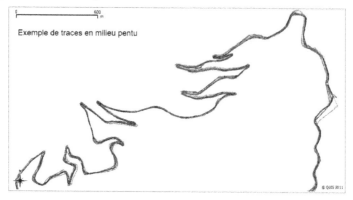

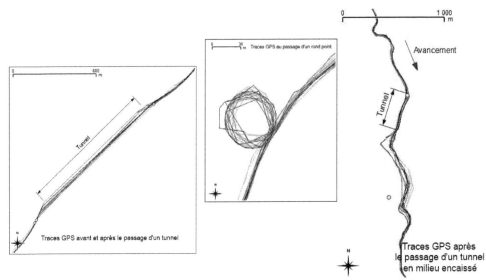

Traces GPS au passage d'un rond point

Avancement

Tunnel

Traces GPS avant et après le passage d'un tunnel

Traces GPS après
le passage d'un tunnel
en milieu encaissé

Taille, prise en main, ergonomie

Le plus surprenant est le Galaxy SII qui est très fin et très léger, comparativement au HTC Sensation, qui est plus lourd. Par contre, au niveau robustesse, les modèles Samsung sont principalement en plastique, alors que les modèles HTC paraissent plus robustes avec une coque en aluminium. L'utilisation tactile ne présente pas de grandes différences entre les différents appareils.

Propositions

Il est difficile de faire des recommandations sur un modèle ou un autre étant donné que finalement, on a assez peu de différences entre les uns et les autres. D'autre part, je me suis rendu compte que quelques mois après leur achat, il est difficile de retrouver ces modèles dans le commerce. D'autre part, cela dépend aussi de ce que l'on cherche à faire. Le format Smartphone sera très bien pour faire de la saisie sur des formulaires et avoir son appareil facile d'accès. Par contre une tablette permet un plus grand confort de lecture, notamment pour faire de la cartographie, mais est plus encombrant et plus lourd.

La tablette ViewPad, même si son prix est attractif n'est pas très ergonomique. Alors que les autres modèles sont très similaires, sur cette tablette, la prise en main est différente, les boutons sont différents, et certaines fonctionnalités (rotation écran...) ne sont pas aussi fluides que sur les autres modèles.
La tablette Galaxy Tab est très intéressante pour son prix comparé à la HTC Flyer qui est le double.
Le Nexus S a l'inconvénient de n'avoir que 16 Go de mémoire non extensible et d'avoir un GPS peu fiable.
Le Galaxy Ace, même si son écran est légèrement petit, a le gros avantage d'être le moins cher, de répondre à nos besoins, et le GPS paraît satisfaisant.

Pour son côté étanchéité, je recommande le modèle Motorola Defy, par contre, l'écran est relativement petit.
Pour sa taille et le stylet qui est pratique, je recommanderais le Galaxy Note.

7. Grille d'analyse de la portabilité des protocoles scientifiques

Protocoles	2012	2013	2014	plus tard	Détails
Programme inventaire (taxons/milieux)					
ATBI			x		Application nomade existante, développer le mode saisie déconnecté
Protocole "Contact Vertébrés"	x				En développement (avec PNE)
Programme "Espèces réintroduites"				x	partenaire extérieur
Gypaète barbu					
Suivi de la reproduction du couple de Gypaète (Ubaye)		x			suivant développement aigle
Veille de la population de Gypaète (Contact) - Journée (Monitoring) "Arc Alpin" vers mi-octobre				x	partenaire extérieur
Bouquetin des Alpes					
Suivi des effectifs des 3 grandes populations de Bouquetin des Alpes					
Surveillance des zones d'hivernage et répartition des populations de Bouquetin des Alpes					
Programme de recherche "Prédateurs-Proies"					
Capture "Ongulés" par piégeage au sol (ONCFS)				x	saisie nomade non prioritaire
Capture "Loups" par piégeage au sol (PNM)				x	saisie nomade non prioritaire
Recherche et prospection d'indices et traces en vue de la capture "Loup(s)" par hélicoptère				x	
Programmes de recherche "Changements globaux et pollution atmosphérique"			x		saisie nomade non prioritaire
Recherche active des carcasses potentiellement "prédatées" par le(s) Loup(s) marqué(s)			x		
Programme "Espèces patrimoniales et sites Natura 2000"		x			
Surveillance du succès de la reproduction "Aigle royal"			x		intérêt outil nomade, mais nécessitant des fonctionnalités avancées
Surveillance "Vautours fauves, Vautours moines, ..."			x		intérêt outil nomade, mais nécessitant des fonctionnalités avancées
Suivi "Chiroptère" colonies des espèces (gîtes de reproduction)		x			intérêt outil nomade, mais nécessitant des fonctionnalités avancées
Veille "Chiroptère" gîtes d'hivernage sur sites majeurs		x			intérêt outil nomade, mais nécessitant des fonctionnalités avancées
Inventaire "Population chiroptère et gîtes de reproduction" Prospection dans zones à enjeux		x			intérêt outil nomade, mais nécessitant des fonctionnalités avancées
Inventaire "Population chiroptère et gîtes d' hivernage" Prospection dans zones à enjeux		x			intérêt outil nomade, mais nécessitant des fonctionnalités avancées
Suivi "Dracocéphale d'Autriche" sur le site N2000 de Pra Gazé			x		
Programme d'inventaires et suivis " réseau / observatoire "					partenaire extérieur
Les rapaces diurnes - Observatoire national - (LPO PACA)			x		partenaire extérieur
Inventaire carré rapaces			x		
Le loup - réseau "Loup - Lynx" - (ONCFS)					
Suivi "hivernal" Traces et indices de présence	x				priorités service EPNC ; limite application Aigle
Suivi estival du succès de la reproduction par la technique des hurlements provoqués	x				simple
La flore "habitats/espèces" - Réseau "Conservation - (CBNA)					
Suivi "Reine des Alpes" (vallon du Lauzanier / tous les 5 ans) (fait en 2010)			x		
Suivi de l'habitat "Caricion bicoloris atrofuscae"		x			
Les amphibiens - Observatoire national - protocole POPAMPHIBIEN - (SHF)					
Suivi des populations d'amphibiens (présence/absence + abondance)	x				peu être intégré dans le protocole contact dans un premier temps
Les galliformes - Observatoire des Galliformes de Montagne - (OGM)					
Suivi de la population de Tétras Lyres (au chant)		x			
Suivi de la reproduction des Tétras-lyres avec chien d'arrêt (Salèse / Sanguinière)		x			
Surveillance de l'expansion de la population de la Gelinotte		x			
Suivi de la population de Perdrix bartavelle		x			
Suivi de la population de Lagopède alpin		x			
Programmes de "science en action" en collaboration avec les autres gestionnaires, acteurs et usagers des milieux et/ou espèces					
"Ongulés et gestion cynégétique"			x		
Suivi de la population de chamois par méthode indiciaire (IPS)		x			
Veille des populations de cervidés, mouflons par hélicoptère FDC 06				x	partenaire extérieur
"Agropastoralisme et biodiversité"	x				
Protocole Agrifaune "Habitat potentiel de reproduction du Tétras Lyre et Alpages"	x				travail bien avancé, grande utilité
Programme "Prés de fauche" (en construction)		x			protocole simple
"Eau, zones humides, milieux aquatiques"					
Programme "Lacs sentinelles" ...(en construction)		x			
"Milieux forestiers et biodiversité" (programme en construction)			x		
Inventaire "rapaces nocturnes" dans secteurs à enjeux			x		
Inventaire "vieux arbres" dans secteurs à enjeux			x		
Programme de surveillance sanitaire et de suivi épidémiologique			x		
Veille Kératoconjonctivite et autres maladies sur ongulés (Réviser le protocole de veille active)			x		
Veille animaux morts (Mettre en oeuvre un protocole de veille passive : création fiche standard, ...)			x		
Etude de la répartition de la chytridiomycose sur les populations d'amphibiens en France			x		

Résumé

Dans le cadre d'une restructuration de son Système d'Information Géographique (SIG), le Parc national du Mercantour (PNM) a souhaité développer l'utilisation des outils nomades pour la collecte des données sur le terrain. Actuellement, les agents utilisent un carnet et un crayon pour noter leurs observations. Après retranscription sur ordinateur, ces informations peuvent mettre plusieurs mois à être retransmises aux thématiciens. C'est dans l'objectif d'avoir une plus grande réactivité que le PNM souhaiterait simplifier toute la chaîne de récolte d'informations entre le terrain et la base de données centrale du PNM.

Ce projet a pour but d'évaluer les besoins du PNM en terme de mobilité, d'attentes et contraintes des agents de terrain. Une veille technologique sur les outils nomades et les applications logicielles associées a permis de réaliser une phase de tests sur certains protocoles permettant d'affiner l'étude des besoins. Parallèlement à cela, des séances de communication et d'information ont été menées pour installer une « culture » outil nomade auprès des agents.

Ce travail permettra de faciliter l'utilisation des outils nomades dans le futur système d'information du parc.

Mots clés : Parc national du Mercantour, outil nomade, smartphone, analyse de besoins, portabilité protocoles scientifiques.

Summary

In the context of Geographical Information System (GIS) restructuring, the Mercantour national Park (PNM) aims at developing the use of mobile data collection devices on field. Currently, park wardens record field observations by notebook and pencil. After being digitally transcribed, data is then forwarded to scientists only several months later. In order to improve reactivity, the PNM would like to simplify the entire chain of data collection between the field and the central database of the PNM.

The aim of this study was to evaluate the needs of the PNM in terms of mobility, expectations and constraints for field staff. A market analysis of mobile solutions permitted to test specific scientific protocols, and refine their needs. At the same time, communication and information sessions were performed in order to create a "mobility culture" for concerned staff.

This work should facilitate the use of mobile devices in the future information system of the park.

Keywords : Mercantour national Park, mobile devices, smartphone, requirements analysis, mobility, portability of scientific protocols.